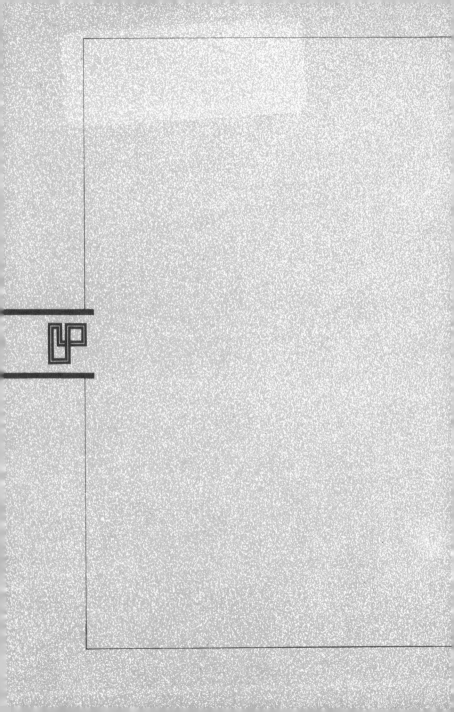

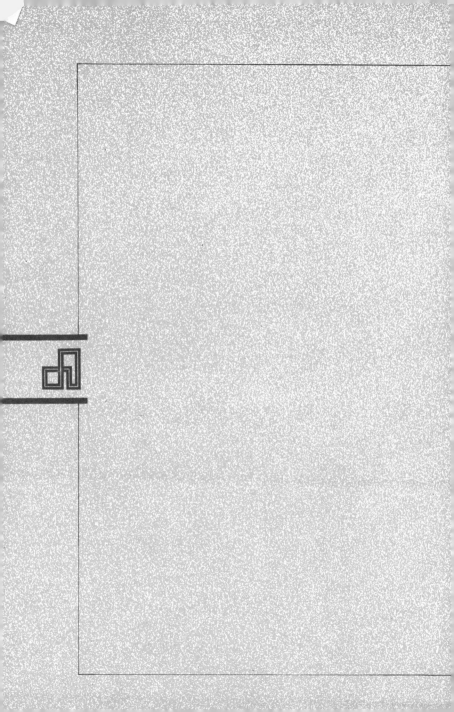

沈君山

浮生三記

一九八〇秋，台北　沈君山與父親沈宗瀚先生的最後一張合照
（宗瀚先生在當年11月去世，享年86歲）

一九九六年　母親八十大壽全家合影

一九七〇 法國都佛世界橋牌名人賽，聚精會神，力戰強敵。

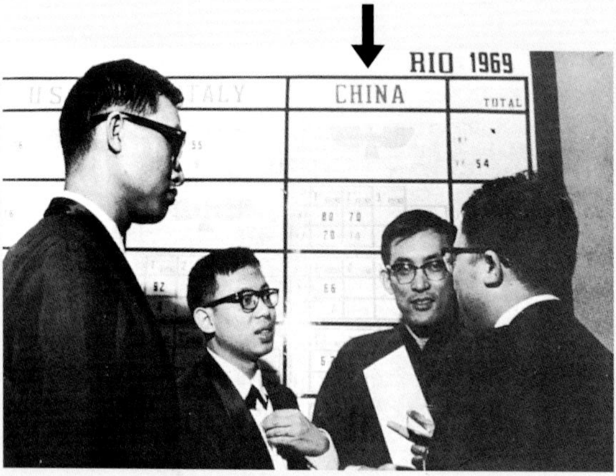

一九六九 巴西里約熱內盧終於得到了事前做夢也沒想到的世界橋牌賽亞軍，左起戴明芳、黃光輝、沈君山、黃光明。那時我們名正言順以實力代表中國。

美國華盛頓特區傑佛遜紀念堂前，左起林海峰、沈君山、王立誠三人行同訪美國棋界

左起沈君山、吳清源、林海峰合照於日本東京

一九九九年，吳大猷先生九十大壽，清華大學設賀宴於新竹，群賢畢至，前排左起張佛千、蓮實重彥（日本東京大學校長）、張忠謀、袁家騮、李政道、吳大猷、楊振寧、閻振興（前台大校長）、陳佳洱（北京大學校長）、陳之藩、張水榮校長夫人，後排中立者沈君山（新竹清華大學校長）、左為吳家瑋（香港科技大學校長），右依序為王大中（北京清華大學校長）、張水榮（韓國浦項大學校長）、李家同（靜宜大學校長）、施欽泰（工業技術研究院院長）等。

一九八三　台北
天文學會講演前，
吳大猷先生致詞介紹，
難得的講了好聽的話，
兩人都笑得很開心

一九八八　台北
初任政務委員，
因說了官話，
被吳大猷先生在電視上責備

一九八七 香港
沈君山與聶衛平（左）下棋，吳淞笙（中坐者）裁判，
金庸（前排右二）、陳祖德、應昌棋助陣

浮生三記

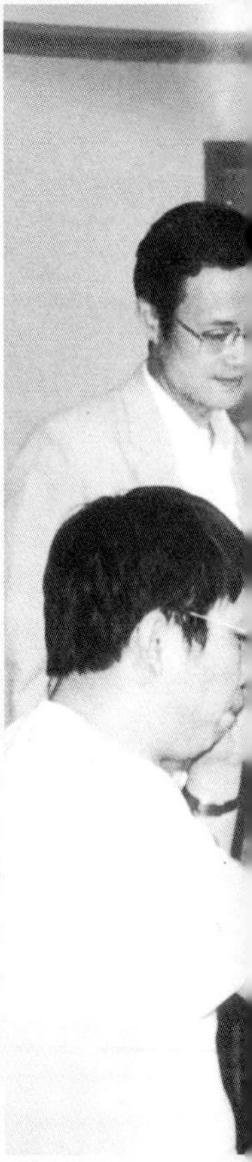

一九七三　新竹
神童考試官沈君山，
此局棋對手爲
時年11歲王銘琬，
通過考試後翌年夏赴日，
現爲日本本因坊

一九九四　畢業典禮，
牽師生繞清華校園一週

二〇〇一年退休後

自序

——寫在《浮生三記》之前

這本文集的產生非常偶然，九歌要爲麗華出書，好像字數欠缺一些，正好我也有些懷舊憶往的散文，就自告奮勇的作爲補篇，收集起來後，卻發現兩人格調太不一樣，本來以爲讀者可以加起來，卻可能會互斥，這樣就會完全沒有銷路。但既然收集了，不出又似乎可惜，因此決定分開，各出各的；再補進幾篇棋橋科普的文章，合爲三記。政治教育等專論性的文章則概不納入。

舊作選收校讀完畢，準備出版了，九歌總編建議何不在後面加個年表？雖然懷疑人還活著，又無豐功偉績，做個年表是否合適，但似亦無不可。最初只有兩頁，看看太枯燥了，加些敘述，就這樣蔓延開來，變成近兩萬字的一篇文章〈年表小傳〉，若不是出版日期已經一延再延，再發展下去，就會眞成爲自傳了。現在或可稱爲自傳習作，最大的收穫，就是知道寫傳的不易。關鍵在「顧忌」兩字。做人要有顧忌，無顧忌的人是不可交也不可用的。但寫傳不宜有顧忌，一有顧忌，有些事，尤其關鍵的事，只有避而不談或談而不眞，胡適之一生勸人寫自傳，而且要「說老實話」。但說老實話談何容易，漢朝的王充，因爲說老實話，他的著述《論衡》被正統學者罵了兩千年；而他的自記因爲敘述家世，被劉知幾在《史通》裡批判「盛矜於己，而厚辱其先」，就是適之先生自己，也有一段故事（見283頁）。

因爲這層顧忌的矛盾，衍生出著者和讀者的矛盾，讀者喜歡看喜歡知道的，著者不一定願意寫，著者寫了，自以爲得意重要的，讀者不一定喜歡看。這樣，又衍生出著者和出版者間的矛盾，因爲顧忌，著者對其所著，難免改、撤、拖，而尤其「撤」、「拖」，最令出版者心疼頭痛。

走筆至此，我要特別感到慚愧的謝謝高希均、王榮文、張作錦諸好友，一聽到我退休，他們就勸我寫書。兩年來簽了包括自傳在內的四份合約，這些合約，還沒有交卷，現在聽說我要先和九歌出書了，還特別誠懇的說，只要好書，誰出都是一樣。面對這樣有氣度的朋友出版者，眞希望這本習作能不負所祝，但習作總歸只是習作，眞正的自傳，我一定會努力交卷履約的。

沈君山

九十年二月
於清華大學

目錄

人文

打菩薩

——兒時瑣事一則

六、七歲的時候，我隨著父母遷居到四川的榮昌，一個介於成都和重慶之間的小縣。那時，抗戰剛剛開始，榮昌還大致保持著原來的面目，外面的浪潮並沒有十分的影響到它。城裡鋪著青石板的街道，兩旁茶館裡，袍哥大爺高談闊論地擺著龍門陣，鄉間卻總是在鬧土匪，縣長老爺忙著出城去「靖匪」，而土匪也偶爾的來圍城。縣城的城樓上，經常懸掛著人頭，都是縣老爺的戰績。從學校回家，不能避免的要經過城樓，家裡來接的長工再三叮嚀我，一定要閉緊眼睛，假若被掛著的人頭看見你在看他，晚上是會來索命的。被他這樣一說，晚上的夢裡，人頭果然便來索命了。

父母親任職的單位中央農業實驗所，是屬於農林部的一個研究機構，初搬到榮昌時，有一年多的時候，寄居在縣城外的寶慶寺。寶慶寺是榮昌最大的廟宇，坐落在小山丘上，山腳下有一座石頭牌坊，過了牌坊，便是廟產。一百多級的石階，修竹夾道，從山腳下一直通上來，走完石階，才到廟門，門上一塊大匾，龍飛鳳舞寶慶寺三個大字，是道光年間一位進士題的。廟裡古木蔽天蔥蔥鬱鬱，佛殿僧舍，有四、五十間房屋，中農所借了一列偏殿，在木魚喃嘸聲中，繼續他們的農業研究。

寶慶寺的廟持是當地有影響的人物，幾次土匪打到城門邊，都沒有來騷擾寶慶寺，據說就是廟持的面子。實驗所借用寺屋，是中央關照下來，縣長辦的交涉，廟持心中願不願意，不得而知。但表面上大家是很客氣的，所裡的職員見了和尚，點頭爲禮，廟僧也合什作答，大家相安無事。

父親那時擔任副所長的職務，常常因公滯留重慶，母親是麥作系的主任，每天在實驗室工作。我放了學，便從石階上一步步跳上來，有時和小沙彌捉迷藏，有時纏著老和尚講唐僧取經。母親在她的實驗室裡，擺了套小桌凳，我鬧得太不像話時，就抓我進去，坐在她身旁的小凳子上，她一面寫報告，一面管著我作功課。到得夕

▶父沈宗瀚、母沈驪英及沈君山一九四〇年於四川榮昌

陽西下，母親才鎖了實驗室的門，在禪聲清唱中走下石階。有時，我們一齊坐上等在坊門外的滑竿，有時，我只是跟在滑竿後面跳跳蹦蹦的跑。

吃過晚飯，母親通常總幫我溫習學校的功課。抗戰時的榮昌，沒有電燈，只有菜油燈。平常是用兩根燈蕊，溫習功課時，加到三根，在搖曳的燈光下，母親和我一起度過一個又一個的黃昏。

小學的教科書裡，搜集了很多名人童年的故事：像華盛頓砍櫻桃樹、司馬光打破水缸救人等等。遇到這些課業，母親便引申出去，教導一些立身處世的原則。

這些故事中，有一則是講孫中山先生幼年破除迷信的事。大意是說：幼年的中山先生，當著村民的面，把他們崇拜的泥菩薩打得粉碎，因此破除了村民的迷信。

母親詳細的講解這個故事，並且援引了孟子上的一句話：「自反而縮，雖千萬人吾往矣。」她解釋道，縮的意思是直，自己想想道理直時，便不要顧忌世俗的反對。小時候能打破村民們迷信的偶像，大起來才能領導革命，不折不撓、不畏強權而獲得最後的成功。

故事裡反叛英雄的形象，在我幼小的心靈中引起很大的共鳴。中山先生成爲我衷心崇拜的偶像。寶慶寺中笑口常開的泥菩薩，講唐僧取經與世無爭的和尙，忽然地都成爲我心中要革命的對象。捉迷藏時，躲到如來佛身後，順便就在金身上撒一泡尿，沒人看見時，偷偷的去把地藏王額下的鬍子拔兩根下來，在大人面前，也常常發表前進的言論：「爲什麼不把泥菩薩搗毀？爲什麼不把和尙送去當兵？」

但是，那時中農所借住人家的廟宇，已經很過意不去，母親跟住持們招呼聯絡還來不及，對我的讜言高論，不能十分看重，只好「小孩子不懂，不要胡說亂道」的打發過去。這使我心裡很覺得委屈，總想找機會學學中山先生，做一個破除迷信的英雄，讓他們刮目相看。

不久以後，機會果然來了，實驗所的直屬上司，農林部的部長陳濟棠將軍，要到榮昌來視察。陳將軍的尊孔禮佛是有名的，他開府廣東時，胡適之南下講學，提倡白話文，非議二十四孝，還被他訓斥了一頓，限期出境。這樣的故事，隨著部長要來視察的消息，在寺裡流傳起來。所以，不但實驗所緊張的準備，寶慶寺的和尙也連帶興奮。那一、兩個禮拜，母親爲了要在部長面前爭取研究經費，忙著編列預算，撰寫報告，總要弄到天黑以後才能回家。我構思著偉大的計畫，也不同尋常的乖，自動的去離她不遠的小椅上坐著，有時怔怔的望著窗外，有時在練習簿上寫上兩行，母親偶爾的抬起頭來，問道：「寫些什麼？」我答說「作文」，聲調也許有些僵硬，母親卻沒有注意，點點頭又去忙她的報告了。

部長到的那天，全寺上下一早就打掃得乾乾淨淨。八歲的我，趁大家忙亂，拖了把掃帚，悄悄的藏到前殿正中彌勒佛的身後，一面默誦寫了好幾遍，且早已背熟的講詞，一面靜候揚名立萬的時機。不久，黑鴉鴉一群人從山門下走了上來，陳將軍居中，寶慶寺的住持、實驗所的所長，還有殺土匪出名的縣長，左右奉陪，母親和幾位所裡的高級職員後面相隨。他們慢慢走上來，我的心情也跟著緊張起來，對著這樣威風凜凜的陣容，幾乎要喪失勇氣去執行那已經預想了好幾天的英雄行爲，但是「自反而縮，雖千萬人吾往矣」，母親反覆給我講解的這句話，在心裡起了作用。等大夥兒來到前殿，手中緊握掃帚，心裡默唸：「往矣！往矣！」就一個箭步從彌勒佛身後竄出來，先舉起掃帚對準笑咪咪的菩薩一頓橫掃，然後轉過身來，對愣在當地的部長、住持們尖聲的大吼：「和尚、道士是封建餘孽，泥菩薩是沒用的泥偶，我們應該鏟除……」，回首刷刷兩下，「迷信尚未打倒，同胞仍需喚醒……」，又是刷刷兩下。但是，精心準備的講詞還沒有說完一半，部長的臉色已經從茫然變成不愉，所長的臉色從吃驚變成尷尬，縣長瞪圓兩眼，住持合什唸佛，母親臉色鐵青，一面叱道：「笑笑！不要亂鬧！」一面指示兩位年輕的職員趕快拖我下來。我仗著地利，在香案上打了幾個滾，用掃帚在拖我的人臉上掃出兩條紅痕，但年幼力弱，終於還是被捉了下來，關進母親的實驗室，縱然聲嘶力竭的哭叫：「你們這些迷信的傢伙，中山先生打了泥菩薩，也沒有被關呀！」卻只有使抱我的職員抱得更緊，然後，一把丟到實驗室的角落，把窗子關得緊緊的，然後把門反鎖起來。

兩個鐘頭以後，部長參觀完畢，離寺歸去，母親才到實驗室來。又熱又悶，精疲力盡的我，臉上泥灰夾著淚痕，早已萎頓不堪，卻仍是噘著嘴，母親在她的辦公室上坐定，也不看我，只是輕輕的說：「笑笑，過來！」

我一蹔一蹔的走到她面前，慢慢的把手伸出來，伸到一半，又放到身後去——母親的規矩，自己知道錯，伸出手來，就只輕責兩下，否則是要重罰的——母親緊皺著眉，我緊抿著嘴，好一會兒，她忽然長嘆一聲，伸出手來，把我抱過去，緊緊用她的臉貼著我的臉。我這才覺得好生委屈，抽抽噎噎的哭起來。

（寫于一九六七年・收入一九九三年十二月正中版《耕耘歲月》）

後記：

這是三十三年前的一篇舊作，一九六七年秋天，我在普度大學教書，父親到美國來開會，會畢，我陪著他去美東訪舊洽公。客旅滅燈比榻共話，談起去世的生母和兒時瑣事，父親要我把一些故事寫下來，這是其中之一，後來也在報上發表過。這次，爲了編纂《耕耘歲月》，檢閱父親遺稿，赫然發覺此文的原稿，也好好的保持著，上面還有父親修註的遺跡。其一是說那次陳部長視察，他因公赴雲南，所以沒有去榮昌。其二是陳部長回到重慶，對母親申請的研究經費，全部核准。但是和當時農林部的次長、父親的好友錢天鶴先生說：「沈驪英的工作是做的不錯。不過她的兒子太頑皮了。」

母親並沒有機會運用這筆辛苦爭得的經費，陳部長視察過後三個月，她就積勞成疾，在實驗室中，因腦溢血而去世了。

花蓮的白燈塔

正隔窗眺望那波浪花拍擊著的堤防，楊牧搖著肚子踱了進來。

「你的白燈塔在那兒？」

「哦，白燈塔。」楊牧訕然的笑起來，指著窗外堤岸的一端，「原來就在那兒，沒有了。」

眞的一點影跡也沒有了。波緩緩的湧前，衝著堤防，揚起水花朵朵，映著初月，晶瑩的灑下來，漫過堤岸，寂寂的湧回去。然後，又是一波湧來，又揚起了朵朵水花……

〈花蓮的白燈塔〉原是楊牧的一個短詩。

花蓮中學設在海邊，課室窗外就是蔚藍的太平洋，白燈塔矗立一側。對於小學生，老師的諄諄循循遠不如蔚藍的海水和巍巍的燈塔來得有吸引力，從初一到高三，小男生就在燈塔下，和著幻想慢慢長大。

後來，長大了的小男生在異國做了教授，有一天，他從報上讀到，爲了擴建港口，白燈塔已予炸毀。回憶少年時光，逝者如斯，竟有無可奈何之感，於是，他寫了〈花蓮的白燈塔〉。

〈花〉文中哀而不傷的氣氛，很感染了我。每次來花蓮，尤其住在「亞士都」時，隔窗望見浪花中的堤防，總不免想起：白燈塔原來是不是就在那兒？

正好，聯副在舉辦「作家列車」。十二月初的一次，選在花蓮。事後遊天祥文山。《聯副》的朋友問我：

「這次我們請了張永祥、林文月和楊牧，你也來吧！」

我就來了，在演講會後的一天，從台北趕來，和大夥在亞士都的餐廳會齊。

我和楊牧相熟，是在五六年前。那時他尚是單身，到清華來演講，初秋時光，成功湖荷花正盛，演講完畢，他說：

「今天不回台北了，共謀一夕之醉吧！」

於是買了花生、滷菜、金門大麯，相攜回到舍下。將菜酒在桌上放好，到廚房搜索一番，只得碗一只、杯一個、筷子一雙，而且都塵封已久。塵封不妨，一洗即淨。杯碗雖粗，盛酒其中，亦可暢飲。筷子一雙，從中一折，斷而為二，於是各執斷筷，且飲且談，月明風清，不知時間，直到舌澀目滯，然後各自就寢。當天晚上，客人是睡在沒有床單亦無枕頭的綿墊子上。但寢具雖陋，不妨夢甜，次晨醒來，蟬聲切切，詩人懷念起天之一方的佳人，即景生情，寫了〈南方的玫瑰〉——這首詩後來登在《聯副》上——五年之後，牧兄攜妻將子，故國重來，夏荷秋蟬，佳人的情懷，俱如煙雲逝去。只我們的酒與友情，依然如舊。

認識林文月，應該算是比認識楊牧早得多。三十年前，暮春的一天，在台大物理館的三號教室，學生們噪噪嚷嚷，等著老師來上課。一位靠窗坐的同學，忽然舉起手來：

「噓——林文月來了。」

噪聲忽焉靜止，大多數同學都擁向窗口。我的座位，離窗較遠，擠到窗前，已在後面，勉強探出頭去，只見到一個娉婷的背影，長長的褶裙，白底點著蘭花。

眞正見到林文月，是在二十幾年後，她來清華主持一個中國文學的講座。那時林教授已是五卷《源氏物語》的譯者了。後來，我們慢慢的熟起來，很佩服她的才氣和毅力，但是，「林文月」三字，對我們那個時代的台大人，還永遠是一個特殊的象徵。

我們在花蓮，沒有耽多久，便啓程入山，經太魯閣、天祥，夜宿文山。地高氣冽，以山鷄土產，相伴下酒，最後大家都不勝酒力，唯一的例外，只有楊牧。中國人喝酒，喜歡互敬，甚至互鬧，因此，喝酒的器度，可分「有勇有謀」、「有勇無謀」、「有謀無勇」、「無勇無謀」四字。楊牧飲酒，不勇不謀，頗符莊子所謂材與不材之間之旨。故其量雖不驚人，但常能獨醒。

微醺之後，最能甜睡，但亦易醒。那天清晨，三點多鐘便醒來了，神智特別清醒，不能再眠。乃披衣啓戶，沿著小徑，漫漫的閒步。新月一勾，群山寂然，松香伴著山氣，冷冷襲來，隔著枝椏的星星，顯得特別近人。

這樣的星星，似曾相識。卅六年前，共軍兵臨長江，父母都已先來台灣了，剛讀高一的我，孑身從南京逃到上海，住在舅母家中。舅母的家，是一般的弄堂房子，屋狹人多，晚上表哥常帶著我和表妹表弟，到天台去乘涼。

也是這樣一個星光凜凜的晚上，表哥在天台上給我們講《小王子》的故事。

「就在那兒，」表哥指著天上說：「那兒有個小星星，用望遠鏡也看不見的小星星。上面住著一位小王子，還有一株和小王子一塊兒長大的玫瑰，他倆相依爲命，小王子很珍愛他的玫瑰，可是，有一天兩人還是鬧了彆扭。小王子離開了他的星星和玫瑰，獨自出來流浪。

「他到了地球，和一隻智慧的狐狸做了朋友，他們一塊兒四處遊玩。牠告訴他地球上的人情世故，他也告訴牠他的星星和玫瑰。

「『你一定沒見過那麼綽約美麗的玫瑰，她是世上唯一的。』

「狐狸微笑的點頭。

「但是後來有一天，他們逛進了一個花園，滿園都是玫瑰，也都一樣的綽約美麗，小王子十分懊喪：

「『怎麼到處都有這麼多美麗的玫瑰呢？』

「他想起了他的玫瑰，她要知道了，不知有多麼難過！

「『但是你的玫瑰還是唯一的，』狐狸對懊喪的小王子說：『你們曾經互相屬於，相屬是太不容易的事，不是每朵花都有這個緣分。昨天你還惦念著你的玫瑰，這麼久沒人給她澆水，她一定會渴了。這滿園子的玫瑰，你卻明天就不會再掛念，也許也沒有別人掛念，因爲這樣，你的玫瑰，因爲有你，就是唯一的了。』」

那天晚上，表哥說到這裡就打住了。這個星光下的故事，後來也一直沒說完。

在上海住了兩個多月，等到船位，便上船來台灣了。臨走那天，舅母全家都說要到碼頭送行。讀初二的表妹卻說忙著功課，怎麼也不肯去。

我整好了行李，在房裡檢視，看有什麼遺忘的，忽然，門呷的一聲，她從外面閃了進來，輕輕的又掩上門，背倚靠著。

「你來。」

我怔怔的走過去。

一只彩紙的小包，塞進我的口袋。

「好好留著，不要丟了。」

澄澈的眼睛，默默的望著，閃啲閃的，晶瑩的淚珠，晶瑩的閃著光，又一閃，翩然的出門去了。

船開出黃浦，已是薄暮，上海灘在濛濛的落日下，漸漸隱去，微帶著鹹味的海風，輕輕地拂過甲板。小小的紙包，一層層彩紙，精心的包著，細細拆去，一層又是一層，竟有五層。最後，原是那隻綠瓷的小狗。

我住在舅媽家，最怕的事，就是整床，常是縐成一團，挨舅媽的教訓。表妹的床，卻永遠是整整齊齊的。床頭橫櫃上，放著三件小擺飾：布娃娃、絨熊貓和綠瓷狗，每天變換著花樣安排。有時，還見她跪在床上，喃喃的和它們輕語。

這些原是表妹小時生日時收到的禮物，她留下來，漸漸底當作可訴衷情的朋友，我和表弟，還常常藉此取笑她，故意的惹她生氣。

卅餘年匆匆的過去，也是一個孟夏的黃昏，我在愛琴海畔，獨自眺望著地中海的落日。重重的碧波，一重湧著一重，湧上礁岩，化作千絲萬縷，沿著岩隙礁縫，直瀉進來，只一瞬，便又急急的尋路歸去。落日餘暉，映著愛琴海中的小島，裁罷蜀錦展吳霞，低低抹在秋山半，碧綠侵蝕著火紅，太陽沉沉地向大海落去，一片渾圓，漸漸的便只餘紅紅一線，透出碧波。忽然，微微的跳一下，便都沒有了。

「應該是空氣折射的緣故吧。」

我對那最後的一跳，有些困惑，這樣的自我解釋。但是，也只一瞬，滾珠趁著海風，輕輕灑來，便灑去了那習慣的理性。

去年此時，我和她已經買好了晚上八時的機票，還趕著從雅典城裡租了車子，去遊城南七十哩的古海神廟。回程已是薄暮，但是，地中海的落日，怎能錯過，又何況是那時那樣的情懷。應該就在這兒附近，把車在路那邊停了，橫過公路，翻下堤防，繞過一級一級的礁岩，直到一塊突出海中的大石。海浪從四面湧來，歌聲曼曼，隨著海風，飄向天邊：

當我還是一個小女孩，

我問我媽咪，

我將會如何？是美麗還是富裕？
我媽媽，她對我說：
凱薩拉・薩拉，
世事多變幻，人生難逆料，
未來又怎能知曉，
凱薩拉・薩拉，
凱薩拉・薩拉。

那點綴著紅磚白頂小屋的小島，一樣的映著蜀錦吳霞，那重重的煙波，一樣的化成千絲萬縷。

千絲萬縷，我在心中默默的許下允諾：「明年，我帶你去看尼羅河的日落。」

我和她都曾踏遍五湖四海，只有那尼羅河畔的古國，都未曾去過，我們曾經約好……

八點多鐘，大家在早餐桌上會齊，一邊喝著滾熱的豆漿，一邊被楊牧取笑昨夕的醉態，十時許便下山離去，車子在山彎裡轉來轉去，明明是清清朗朗的天氣，幾個曲折，卻迷迷濛濛起來，不能算是山雨，也許只是霧氣吧。車行了一陣，便停了下來，原來前面在拓路，要等拓路機過去，才能再走。

山路原是沿著山谷，推窗望去，隔岸的峭壁，似在眼前，一曲一曲，彷彿是大匠刨成。峭壁上無數黝黑的洞穴，據說曾是燕子巢穴，橫貫公路開後，燕子已去，燕子洞的名稱，卻流傳下來。

一葉箔紙，在谷間飄蕩，慢慢的飄向谷底，被氣流一激，又飛揚起來，翻騰直上，翩翩的飛舞，似乎要落在這邊的石壁上了，一個轉折，卻又吹了開去，一個偶然，掛落在隔岸的樹枝上，山風吹過，依然的作勢欲起。

拓路機終於過去，車子又繼續前行，山霧漸濃，車窗的玻璃上，聚了滴滴露珠，窗外的山樹，便在水珠裡矇矇的流逝過去。車上的錄音帶，播放著羅大佑的「戀曲一九八〇」：

你曾經對我說，你永遠愛著我，
愛情這東西我明白
但永遠是什麼？

我在心中續下去：

永遠是什麼？
永遠正是那一瞬。
那一瞬的她，是那一瞬的她，
那一瞬的他，也是那一瞬的他，
那一瞬，
她曾在他心底，他也曾在她心底，
激起美麗的火花。
時光流逝，世事變幻，

他不會再是那一瞬的他，
她也不會再是那一瞬的她，
那一瞬，不會再來，
但那美麗的火花，卻曾經那般明亮，
讓我們永遠珍惜，
那永遠的一剎那……。

從花蓮轉車返台北，已是黃昏，火車緩緩地駛過曾經矗立著白燈塔的堤防，重重碧波，揚起朵朵浪花，夕陽殘照，依然是晶瑩的可愛。

（寫于一九九二年）

懷念燕謀

八月中旬的一個下午，從香港回到新竹的家，在電話答錄機上聽到「我是李宗懂，剛剛接到消息，洪燕謀在半小時前過去了。」拿起電話，打到加州，又是錄音回答，「這兒是……，我是洪燕謀，我們暫時外出……。」聽口音正是燕謀的，是不久以前錄下的吧。

茶館裡的野橋士

燕謀是我最早的橋伴之一。民國四十二年，我剛被「錄取」入B.T.U.（台大橋社的縮寫）不久，有一次練牌，聽橋社前輩說，校門口羅斯福路的某某茶館裡，有一群新生每天打牌，牌打得很野，但有一兩個天份還可以，不妨試試。

過了一兩個星期，又一次練牌時，來了兩位長髮蓬蓬，短髭點點的瘦高個子，晃呀晃的晃過來，說是代表茶館橋士來談條件的，「要他們加入，就全部加入，要不然就會全不加入，不要揀精挑肥。」這兩位講話都很衝，一副老子的話就是這樣，愛聽不聽由你的樣子。

那時B.T.U.剛贏了台北聯賽的冠軍，聲譽鵲起，是橋壇新手心目中的偶像。我自己加入B.T.U.就是經過嚴格甄試的。民國卅九年夏，兵荒馬亂之際，我從香港來台。在香港踢了一年足球，把數學忘得精光，考台大時得了一分，國英數理四科加起來一五九分，比錄取分少了一分，因而待家一年，四處茶館的混，結幫打架，又棋又橋，文武全來。次年考入台大，千方百計的想進B.T.U.。後來經過一次實戰面試，是在台大的第六宿舍，我實戰的表現並不好，出了不少紕漏，但還是被錄取了。據說當時B.T.U.元老的評語是「這小子打牌時，眼光四轉，不是只打手中牌的牌呆子，後生可取！」這樣才進了B.T.U.，還不能馬上代表橋社出賽，得先見習。那時我家住在中山北路三段底，現在統一飯店的地方。只要B.T.U.有比賽，一個通知，就騎了自行車飛奔而去。從家到台大，要騎上一小時。烈日下大汗淋漓的趕到賽場，卻只有遞牌盒子的份。遞完牌盒子就站在後面「學」，這樣「學」了半年，才准第一次上場。因此見到這兩位茶館派的野橋士神氣八啦的，很是看不慣，但那時橋社中初創天下的老將，都畢業受訓去了，亟需新血，社裡的幾位元老商量一番，還是收編了他們。B.T.U.組成三隊，茶館橋士自成 B.T.U.C.，共同參加四十二年的台北市聯賽。

那兩位來談判的茶館橋士，一位就是洪燕謀，另一位叫周康偉。B.T.U.橋手年少氣盛，腦筋快嘴巴更快，桌上不讓人，下了桌也不讓人。有一次，和臺電橋社對抗，輸了牌，一隊人馬從和平東路的台電公司一路的吵出來，快到新生南路時，有一位巡街警察，看到一群青年走在馬路當中指天罵地，就上來干涉。

「不要深夜喧譁，擾人清夢。」

B.T.U.兩人正吵得過癮，槍口轉過來一致對外。

「關你屁事！多管閒事多吃屁！」

那位警察也不多嘴，騎了車就走了。我們以爲把他嚇跑，更爲得意忘形繼續捉對兒的吵，不料五分鐘後，虎虎虎的，風馳電掣一下的來了六七部單車，全是巡警，把我們團團圍定，大吼一聲：

「走，破壞安寧，走。」

也不容分說，全給帶進了派出所。剛進派出所時，我們嘴還挺硬的，跟警察頂，頂得警官火了，一拍桌子，也不再問，把我們趕到一旁和雜七雜八的人擠到一堆，就乾坐著，他自去處理別的事。這樣磨菇到深夜兩三點鐘，磨得我們如喪了氣的公鷄，也不再叫了，推了社長吳鎮遠去向警官交涉，說盡好話，這才給登記下名字住址，訓斥一頓，攆了出來。

一起得第一次橋牌冠軍

還有一次，到新生社和空軍橋社賽牌，那時空軍的幾位司令副司令，徐煥昇、陳嘉尚等都喜歡橋牌。周康偉和洪燕謀還是搭檔，周的父親時任海軍陸戰隊的司令，和空軍的幾位領導有袍澤之情，所以一開始，寒暄得十分親熱，還有咖啡招待，那時是難得的珍品。但兩圈下來，一位副官匆匆跑到我們桌上來，說：

「你們的隊員跑了，副司令那兒三缺一啦！」

▲一九五二年全國橋賽冠軍後，在高雄煉油廠攝，左起：王兆凱、王純一、胡克虔、洪燕謀、沈君山、賴啓森。

抬頭一看，果不其然，副司令和他的橋伴茫然對坐看，打橫的一邊坐著臉色鐵青的洪燕謀，但對面只有一張椅子。我們四處的找，找到門口，衛兵說一位瘦個子同學剛剛騎車走了。沒有辦法，只有把我的伴王能鳴調過去和洪燕謀作伴。王彬彬君子，橋技人品都是一流，調過去也是給副司令陪不是的意思，至於我只有再找一位做伴。

出了這樣一次亂子，茶館派的橋友意興闌珊，周康偉乾脆就不打了，因而也促成燕謀和我做伴，組成B.T.U.A.參加台北聯賽，後來一路打上去，就在一九五二年得了金穗獎全國冠軍，也是我倆各自的第一次橋牌冠軍。

不過我和燕謀做伴的時間並不長，而燕謀

後來也不大打橋牌，橋友中有的以橋爲主，因橋而爲友，又依橋而維繫；有的因橋成友，後來橋牌不打了，友誼卻延續下來，成爲老友，而我和燕謀就是後面關係。在今天這個凡事講究現代化的時代，「老」是不容易的：老妻、老酒、老友……，一老就有一種可以共享的nostalgia（可譯成黃昏的回味），那是別有一番醇味的，我和燕謀做伴正式打牌大概不超過百副，但做伴的時候，年華方茂，正是有本錢可以自豪荒唐，嘲笑正經的時候。

記得有一次，打完了牌，居然沒有吵架，又不想回家，兩人就在台北市逛，從北門而西門而南門而東門，深宵無人，大道之行唯吾獨尊，乃自封爲四門提督巡街大將軍。還有一次是辦舞會，四十年前大學生們最時髦的事就是辦舞會，那時沒有什麼電子遊戲卡拉OK等，所以開舞會是一件大事。借一間空房，弄一套音響，然後要去邀好的舞伴，舞伴是比面子的事。在這一方面，大家都很羨慕燕謀，燕謀和宗恬大學二三年級就定了，宗恬文靜恬雅，話不多，但風度氣質都令B.T.U.的朋友十分傾倒，而且他們倆好像沒有什麼風波一下就白頭到老了。

我比燕謀高一班，在大四時交了一位也會打橋牌的女友，和燕謀與宗恬相識是同時。但我去受訓，她出國，漸行漸遠漸無書，海闊魚沉不相問，十分悽慘。而且回到台北，連個舞伴也沒有，很沒面子。這時就見到燕謀對朋友忠厚的地方，常對我說，請宗恬去吧！宗恬還有位氣質也很好的姐姐，她們其實並不十分喜歡跳舞，但爲了燕謀和燕謀的朋友，也就偶然應邀。記得有一次，我們在北投的山上借了一個朋友的別墅辦了個舞會，大夥兒五點鐘在台北車站會齊，坐了公車到山腳，揹了個大音響往上爬，宗恬姊妹和其他女士們都穿了高跟鞋，篤篤篤篤往上走，到得山頂，佈置好，已近九點，就吉魯巴、華爾滋跳起來。一位女孩忍了很久，忍不住了終於叫出來：

「我們還沒有吃飯呢！」

哦！還沒吃飯！男士們都懶，互相的賴，賴了一會，還是有點紳士風度的南寧出去，到半山腰弄了些三明治回來，給大家塡塡肚子。幾十年後，宗恬告訴我，這件事給他們全家的印象都很深，一聽說沈君山要辦舞會了，她媽媽就會說：「吃飽了飯再去！」李伯母現在和她的么女兒宗慬一塊兒住在清大，已經九十多歲，不太認識我，當然更不記得此事了。

梁實秋門外的香蕉西施

當時李家住在仁愛路，和梁實秋先生的家很近，只隔一條巷子。梁家我也偶去，梁先生和我父親是老友，但我去梁家是下一代的事。梁先生女公子當時的男友朱君，和我是同學，梁先生瀟灑好客，我們有時就混到他家去。有一次印象特別深刻，梁先生正在客廳和我們高談闊論，梁小姐從外面回來，在玄關上叫了一聲「今天香蕉西施來了。」梁先生連聲都不哼趿起拖鞋就往外走，梁夫人隨著跟去，然後是梁小姐，我還愣在那兒，朱君拖著我就走。

「去看看，去看看。」

出得門來，梁先生正在向一位紮了頭巾的年輕女孩買香蕉，這女孩看見來了這麼一串子人，也見慣了，當然也知道醉翁之意不在蕉，就抿著嘴笑。

「今天的香蕉卡肥啦……」

買得香蕉回來，梁先生且評且讚的評起來，清一分則太瘦，濃一分則太俗，梁夫人、梁小姐、朱君都加入評論，總之，美，美而有韻，美而有韻有味……。

後來我去李宅，也常彎到那巷子，但只再看到一次。她見我直瞪瞪的走過，可能還記得吧，就自然的笑一笑，確是美！我倒反而臉紅起來。

在南加州的日子

大學時光就這樣的過去。我在民國四十六年赴美，兩年後燕謀也出來了。燕謀抵美的那天，我正好「閒逛」到洛杉磯。在馬里蘭大學悶了兩年，研究告一段落，體貼的指導老師說這就夠了，寫出來就可以等博士論文了，你先去散散心吧。因此，就這樣從東岸的華盛頓開車到西岸的洛杉磯，住在一位朋友的朋友趙君家中。幾天後台大時的「球」友郭子克抵美，就拖著同在趙君家中打地舖。又過幾天，「橋」友洪燕謀也來了，就也招來再在趙宅打地舖。子克和我都有獎學金，燕謀則是出來再說的，靠趙兄幫忙找了份工作，一早就出去，子克和我睡到日上三竿起來，整天的閒逛，晚上燕謀回來要吃飯，飯呢？沒做，燕謀只好皺著眉頭下廚去做飯，我們則嘻嘻哈哈的吃，吃完了高談闊論。閒極無聊就比體重，三個人都夠瘦的，都只有一百二十幾磅，結果是最高的最瘦，燕謀奪冠，子克最矮卻最重，我們就管他做小胖子，一個極其名不副實的綽號。

這樣的過了兩個禮拜，出了一件大事。居亭的主人趙君，忽然意外去世了，說是肺上破了個洞沒法救。但也有說是打工的公司，看著他是孤單的東方人，連救都沒好好救。總之，那時台灣經濟還沒起飛，平均收入比美國差很多，在美國無論打什麼工，用美金換算一下，都比台灣公務員的收入要多幾倍。因此生性好勝責任心重的子女，捨不得用父母辛苦的積蓄，就拚命工作，甚至還要寄些錢回去。趙君平時有三份工作，日夜的忙，平常也很少見到他。去世那天，消息在中午傳來，我們一下十分驚怕，介紹我們去住的朋友唐君，當時也是日夜加班全工半讀的過日子，趕來收拾趙君的遺物，他們是同船來，一同艱苦打工，是極好的朋友。遺物收拾告一段落，唐君坐在門口台階上，一個人支著頭默默的流淚，南加州的太陽熱辣辣的照下來，照出一個孤單單的影子。唐君後來做到NCR的執行副總，是華裔美人中電腦硬體權威，我們這一輩留學生中最成功的企業家之一。也還記得這一段日子吧！

牛頓和上帝都贏不了愛情

出了這麼一件事，當然不好意思再打擾人家，暑假也將結束，三人各奔前程。燕謀繼續的半工半讀，住在匹茲堡城外的楊屋，離我求學的瑪麗蘭大學和畢業後工作的普林斯敦大學都不遠，只有六、七小時車程，長週末偶去看他，也偶爾共參加一場橋賽，那時宗恬在比利時的魯汶求學，已經去了三、四年了，魚雁往返，未免擔心。有一次我開燕謀玩笑：「愛情和萬有引力一樣，都是和距離平方成反比的。」他只有報以苦笑。宗恬讀書的魯汶大學，神學非常出名，有中國留學生受了神父老師的影響，出家做修女的，謠傳宗恬對神學越來越有興趣，燕謀為之驚疑不已。那時他工作不能請假，曾有託我去歐洲一行勸阻之議。

還好，牛頓和上帝都贏不了愛情，洪李兩家在台北把婚訂了，訂婚那天，燕謀約集朋友，打了一天麻將。男男女女聚了二三十人，多是台大前後期的同學，也有並不知是燕謀訂婚的佳日，就跟著朋友一起來的，留學生平日各自忙，週末聚聚也是常事。玩的當然以麻將為主，也有拱豬、拼字、西洋雙陸等，東一夥西一夥的，燕謀意氣風發，瀟灑得很，麻將自然有一份，歪坐著，還能伸出手來，和旁邊的人玩拼字。眼睛也沒閒著，不時幫隔壁一桌拱豬的出主意。

麻將唏哩嘩啦的響，但掩不過拱豬歌：

拱豬拱一豬
豬不出何以安天下！
拱呀拱一豬，
豬不出何以安天下……

B.T.U.的社友管拱豬歌叫社歌，這首歌可能是早期B.T.U.社員的創作，至少是他們首先推廣倡導的。每次郊遊聚會，橋牌是神聖的，不能輕易亂玩，搞不好還要吵架。因此就玩拱豬，每玩必唱，配著森巴舞曲的調子越唱越高，唱到豬（♠Q）拱出來和加倍（♣10）送到一家，大家就都起哄大叫，鬧成一團。

麻將聲伴著拱豬歌，響徹滿屋，卻惱了邊上幾位清談的女士：「男生眞沒氣質，就知碰呀吃的，還什麼豬不豬的！」

那時的台灣是聯考價值掛帥的時代，考上名校、名系，便闔家光輝，因此一女中而台大外文系的女孩，便像飛上枝頭的鳳凰，更何況是長得秀氣點，又常拿書卷獎的，走在路上都不願正眼看人，可是一年驕二年俏三年拉警報，何況出國又五年，漸漸的也就圈子愈來愈小，那天那幾位台大書卷獎的女士他鄉相聚，正好敘舊憶往，話當年風光，但拱豬歌碰吃聲，唏哩嘩啦，聲聲襲來，眞箇煩人不已，難免抱怨。

燕謀背詩傳爲佳話

燕謀手眼忙著，耳朵卻也不閒，這些話聽進耳朵，倔強脾氣馬上發作。

「怎麼叫沒氣質？」

「沒氣質就是沒氣質，要唱唱正經歌，詩也可以，唱什麼豬歌？」一位被冷落的女士正好沒氣，一點也不退讓。

「唱詩有什麼了不起，沒氣氛。」燕謀把氛字說得特別重。

「哼……」

「怎麼樣，有氣質就背詩吧，比比看。」

「背就背，什麼詩？」清談的女士們原就團在一起，這時更圍起來推出一位代表。

「〈琵琶行〉好了，我們都作客他鄉嘛！」

於是，一位清秀略帶些憔悴的女士，略矜持了一下就「潯陽江頭夜送客」這樣的開始了。可能眞是作客他鄉久了，竟記不完全，中間有脫落一兩句的，燕謀就歪嘴笑一下，背的人更緊張了，到了大珠小珠落玉盤，便落呀落的再落不下去了。燕謀把它接過來，也不搭話，更不打頓的背下去。一直到「江州司馬青衫濕」，沒有一點疙瘩。背詩的女士面色通紅，嗒然若失，但另外幾位起哄的卻還不服氣。

「不算不算，這首是你背熟的，不算！」

「那就你們選吧！」

她們眞又選了〈長恨歌〉、〈將進酒〉，燕謀以一擋三，一氣呵成！把才女們都比了下去。這一場男人與女人的戰爭，燕謀可眞幫我們爭足面子，後來在留學生圈傳爲佳話，歷久而不衰。

背詩之役以後不久，宗恬也就自歐來美，兩人終成眷屬。燕謀修完學位後，轉往ＩＢＭ工作，住在上紐約。有一次我去看他，茂林深處，一棟寬敞舒適的木屋，他們已經有了一對可愛的姊弟子女，宗恬下廚作羹湯，說起讓她去北投挨餓的故事，「今天可不能報復啊！」我說。

「那可非讓你餓一頓不可！」宗恬說。

他們的女兒瑋瑋，那時大概是五歲，正是最可愛的年齡，除了一對濃眉，長得像極了媽媽。

「還好，只有一雙眉毛像你，可真漂亮。」我對燕謀說。

「就那一雙眉毛生得好！」燕謀豎起濃眉瞪了我一眼。

那一頓晚飯吃得舒服極了，臨走，宗恬塞了本小書給我，是她翻譯的《小王子》，文如其人，不慍不火，淡淡的美，有如中國的水墨畫。

後來，我去了中西部，燕謀搬去美西，不久，我又回到台灣，來往自然少了。花開花落，不知不覺間，我們都過了花甲之年，今年年初，一位朋友不經意告訴我，燕謀得了癌症，醫生說他只有三、四個月的生命了，聽到這個消息，心裡微微的起了一漪波瀾。近來，類似的消息聽多了漸漸也就習以爲常，「生而爲覺兮，死則歸分」也不過如此，「達觀」一詞的解釋就是如何對無可奈何事作無可奈何的接受。

重聚舊金山

四月初赴美，經過舊金山，在機場打了個電話給燕謀，準備去看他，但他不在，只能在電話錄音中告訴他，一個星期後還會回來，希望他能留下時間，共晤一面。

一個星期後，回到舊金山，在機場就被清華的校友接去參加清華校友聚餐，到得餐廳，在預留給我的位子旁邊，坐著一位戴了頂小黑帽的瘦高個兒，那不是洪燕謀嗎?!眞太高興了，趕著打了招呼，他旁邊還有一位女士，望著我笑，哦，宗恬也來了。

「嗨!李宗恬，好久不見，倒瘦了些，愈發年輕了!」

那位女士還只是望著我笑。

「這是瑋瑋呀，你眞是老眼昏花，愈來愈糊塗了。」燕謀大叫起來。

「哦，是瑋瑋!」

瑋瑋能聽懂中文，不太會講，這才開口。

「Uncle Shen, am I looking so old?」

「Oh, oh, no no, that is,……, that is because your mom is always looking young.」

那天燕謀看來氣色很好，除了頭上戴頂小黑帽外，燈光下看來，和二、三十年前似乎沒什麼差別。因爲是校友會，敬酒寒暄的人很多，燕謀雖然坐在旁邊，交談的機會並不多，倒是瑋瑋告訴我她在韋爾斯萊女校畢業後，做了幾年peace corp，現在在哈佛進修，因爲爸爸的病，輟了學回來陪他。

宴會結束後，從餐館出來，我對燕謀說：

「等我一下！」

客人一個一個的告別，車子也一輛一輛的開走，停車場空曠起來，瑋瑋和要送我回旅館的清華校友遠遠依在各自的車邊等著。

「還記得我們做四門提督，巡街大將軍時嗎？」燕謀對我說。

「哈，現在做不成啦，台北街上都是車，機車、汽車、公車，不要說巡街，過街都難啦！」

我望著燕謀，除了頭上一頂小黑帽外，朦朦朧朧的星光下，眞就還是那個巡街的青年。

「因爲做治療，頭髮都落光了，才戴頂帽子，倒不是信了猶太教，哈哈……」笑聲還是挺豪邁，但總有些空空洞洞的感覺。

我試探的問：「還好嗎？」

「也就是這樣了。」他別過頭去。

夜空透徹碧藍，北加州四月的空氣，清清涼涼的包裹著我們。

「你的記性眞好，B.T.U.的舊事都還記得。」我說。

「當然，今年是四十週年了。」

「什麼四十週年？」

「應欽盃呀，記不記得我們一齊下高雄？」

「哦！那是去打金穗獎，坐了十二個小時的火車，過山洞差點被煤氣嗆死。」

那時火車沒有電氣化，靠燒煤走，快到山洞時得趕快把車廂的門窗關起來，過苗栗第一個山洞時，我們忙著打牌、爭吵，忘了關窗，煤煙倒灌進來，全車廂的人都給嗆個半死。

燕謀說：「哈哈，你還是當了件夾克才下得去！」

「是呀，胡克虔要找你下去，卻派我去替你說項，你老祖母的臉色眞有得瞧，那個沈君山又來了！」

「哈哈哈哈……」兩個笑聲在停車場上迴旋著響。

台大時燕謀和我都不是好學生，都多讀了一年才畢業。燕謀父母留在大陸，他從小跟祖母長大，祖父做過中等的官，在台肥董事長任內退休過世，也算是官宦世家。在老祖母眼中，我浪蕩不羈，不務正業，不是燕謀的益友，只是有時也不得不敷衍。我到燕謀家去，向例是立在玄關等燕謀出來，她老人家心情好的時候，也會說聲上來坐吧！心情普通時就只叫一聲「成子（燕謀的小名），沈君山來了。」心情不愉快，或者前夜燕謀外遊回來太遲，就要多加兩字：「成子，那個沈君山又來了。」然後嘀嘀咕咕的隔著紙門嘮叨幾句：

「成天的打牌，不學好，將來呀……」

燕謀是個倔強性子，和老祖母頂慣了，而且也礙了他的面子，出來拉著我就走，還回頭頂上一句：

「你管人家……」

後來，也不過四、五年，我出國得了博士，返國參加遠東橋賽，那時全台灣博士也不過三、四個，報紙上大加渲染，我受了燕謀之囑去看老祖母，不但被請上玄關，還一定要我吃飯，打橋牌也成了爲國爭光。我接受了恭維，飯卻沒吃。回美國後，一五一十的告訴燕謀。燕謀說：「吃就吃嘛。不吃白不吃。」

一剎那間，也可笑、也溫馨塵封了回憶，在兩個有默契老橋伴心中閃過，星光下，浮映出兩個一般的笑容。

亮亮的一點，在星空中移動，往下一沉，就不見了。又是亮亮的一點，移動著移動著，沒入繁星，也不見了。明知那是舊金山起落的飛機，但是今晚看起來，卻分外像是小遊星──《小王子》裡的小遊星。

舊金山是最美的城市，舊金山的機場是最美的機場。從層層疊疊的白雲裡鑽出來，驀然間，一片碧藍的海，綴飾著點點白沫，右側迎來一抹靑山，白絮掩著半腰，瞬間閃去身後，不一會卻又從左側探出頭來。舊金山的機場建在海上，降落時就像飄落到水面，水裡覺得輕輕柔柔的。出了機場，永遠是燦燦爛爛的陽光，永遠是清清涼涼的空氣，搖曳的棕櫚樹夾雜在帶點拉丁風味的建築中，一點也不給你緊張擁擠的壓迫感。尤其是從溽熱的台灣，或者冰雪的中西部來，不過隔了幾個乃至十幾個小時，就真是換了一個世界，感覺最是不同。

舊金山是我到美國的第一個城市。三十七年前，一腳跨出軍營，一腳就踏上了機門。那時還是螺旋槳飛機，從琉球、中途島、夏威夷一路起起落落的，飛向新大陸，飛了兩天兩夜。鄰座的女孩也是初出國門，滿懷嚮往。到了舊金山，互相的說服，擠出不在規劃中的半天，一起去遊了在畫冊、電影上嚮往已久的金山大橋，然後再各奔東西。

數十年後，偶再相遇，都已兩鬢染霜，我記得的是在被日落餘暉染得金黃的橋欄前揮揚的黑髮，她的印象卻只是飛機上一個光頭男生在旁邊吐了兩天兩夜。

俱往矣，但餘華髮

舊金山是東西交通要道，我來往經過總也有四、五十次了，住在固定的幾家旅館。常常因為時差夜深難寐，便開窗聽那海濤，一拍一拍，單調卻有力的，一點也不氣餒，一點也不厭煩，來了又來的來相訪。「浪打空城寂寞回」中，寂寞兩字最為傳神。到得清晨，沿著堤岸慢慢走去，孤月伴著殘星，還是那永不厭倦的海浪，一波波的湧向堤防，擊中岩石，剎那間捲起千堆雪，化作點點珠淚，又急急忙忙散散落落的，各自的從石隙岩縫間尋路歸去。又剎那間，便無影無踪，但那下一個浪頭，湧著湧著，儲足了氣勢，又湧將上來。還像是昨天，卻已是十餘年前，伊人驅車來晤，也是沿著這堤岸，聽著這濤聲，迎著這朝曦，謀國劃策，海誓山盟，熱血澎湃，情眞意摯，而今就如那捲起的千堆雪，俱往矣，但餘華髮。

微風拂過，帶著些許涼意，拂走了我的遐想，我推了推燕謀，把他也從遐想中拉回來。

「你還打橋牌嗎？」我問。

「偶爾，不求甚解，倒是麻將打得多，少說也有七、八段。」燕謀愣了一下，整理了一下思緒，又恢復了他的幽默，我當然也還以顏色：

「我橋牌還打，還在第一線，去年還拿了兩個全國冠軍，要不是做這個校長，今年還會去打遠東賽！」

「又吹牛了。」

「不是吹牛，我們這批老將，餘威猶存，你今年回來，我們把打過B.T.U.的都找來，組一個大B.T.U.給後生小子一點顏色看，怎樣……」燕謀默默的笑望著我。

時光飛逝，過去的四十年逝得太快，今晚的一、二十分鐘也逝得太快。夜色漸深，遠遠的瑋瑋還等著，倚在車旁，年輕溫柔的身影，不就是李宗恬嗎？不過那時她是倚著單車，等這兩位橋伴吵那永遠吵不完的牌。

銀漢無聲，玉盤輕轉，天上的星光燦燦爛爛，雖分不清，一個一個的小遊星都在慢慢的移動著。每人都有他自己的小遊星，也有互相屬於的玫瑰（註），燕謀到人間一遭，找到了互相屬於的最美的玫瑰，這是福份，也可無憾了。

我們緊緊的握了下手，又握了下手，各自回到自己的車，向相反的方向馳去。

（原載於一九九五年八月《九十年代》）

註：見《小王子》

懷念見美

從一個人交的朋友，可以看出這個人的才華格調；從一個人的朋友如何待他，可以看出這個人如何待人。從去年十月發病到今年九月過世，見美臥病將近一年，這一年來，她的一對子女聰玲和 Ben Ben 台美兩地來回的跑，在台的時間，就都在醫院陪媽媽。見美的幾位朋友，代課的代課，陪伴的陪伴，三百餘天如一日。這樣的子女，這樣的朋友，今天世上實在很少見了，有人讚賞羨慕，說是福氣因緣。其實胡適之先生常說的兩句話——「要怎樣收穫，先怎樣栽」更爲透徹。見美待人處世，簡括的說，可以用 considerate, common sense, helpful 這三個英文字語概括，對親疏、長幼，都是一樣。她這樣待人，久了自然贏得別人的尊敬、感激和信任，也曾盡可能這樣的待她。

初識見美

我和見美相識，近半個世紀。第一次相見是在一九四六年。那時，她是一位剛從美國明尼蘇達州回來的小女孩，一句中文也不會講。我呢，是一個一句英文也講不好的陝西土包子。

中日戰爭期間，我寄居在陝西武功的小叔家。抗戰勝利後，回到南京。有一天，好像是星期六，放學回家剛放下書包，保母（是我的奶媽）就匆匆忙忙的到我房裡來要我趕快換件衣服洗把臉，因爲「那對從美國回來的先生太太還有他們的小姐都來了，你爸要你快去見他們。」

美國回來的先生是父親的得意學生，要全家來我家拜訪，這件事前兩天就聽父親說了。我從陝西回來，上南京的金陵中學，別的功課都還勉強跟得上，唯有英文，尤其是發音，差了一大截。父親最注重讀書，他寫的克難苦學記，說當年他苦學英文，早上吃兩個生鷄蛋，就去北京城牆腳下背生字，當然也期望兒子如此。美國回來的小小姐，不懂中文，英語自然是極流利，父親要我去會一會，「考一考」，最好能交個朋友，英文發音自然會好起來。

因此，我也早有準備，從「How do you do」到「Would you like to be a friend of mine」都默誦在心。打扮好了，去到客廳，果然坐著一對非常體面漂亮的年輕夫婦，一個六、七歲的女孩，依在媽媽身邊。大人們的招呼打完後，父親就用英語幫我們介紹。我心中有數，很快把準備好的台詞全數一連串傾口而出。但是，很意外，女孩並不答腔，卻只是瞪著眼望我，我有些急，趕快更大聲的說一遍，她卻還只搖搖頭，不說話。兩家大人，尤其父親著急的看著我們，小女孩大概也有些窘了，回頭對媽媽咕咕嚕嚕了一陣。晚上父親在訓我時告訴我那是說：

「I don't understand what he is saying.」

這次見面，顯然不太成功，朋友也沒交成，後來也就沒繼續來往。

在南京不過一年多，共軍就壓江而來，父親和見美父親蔣彥士先生任職的農復會舉會南徙，幾經播遷，最後所有職員家眷集中到澳門，我們家住到一棟當地人叫督軍府的二層洋房的二樓。蔣家住在隔壁，樓下另外住了三家農復會的同事，全院大概有七八位小孩，我最年長，已經十五、六歲，是當然的「領導」。

兵荒馬亂，大家沒上學，我就帶著小兄弟們去做些家法邊緣的勾當，偷偷的看場電影啦，和別院小孩打場群架啦，那時見美早已會講中文，管我叫笑笑叔叔，很乖也很安靜。犯法的事，從來不做，但也不告密。晚上能得媽媽許可跟著大家去看場電影，就非常高興。

我那時已喜好評論，不過題目是《翠堤春曉》、《戰地鐘聲》等電影，或者《父與子》、《小王子》等小說故事。常把小小群眾召集在一起，一邊講故事，一邊發表意見的夾敘夾議，見美是當然的基本聽衆。她本來就乖，蔣伯母也很和氣，所以一般說大家都玩得很開心。但我們最怕的是一位好奶奶，她是蔣伯伯的過房母親，年輕守寡，蔣伯伯非常孝順，家裡最好的房間總先讓她住，最好的食物總先讓她吃。在我印象裡，這位老太太從澳門到後來在台北去世，前後卅年，樣子就沒變過。她吃素唸佛，但感覺非常敏銳，一有看不慣的事，就踮起小腳嘰嘰嘟嘟的走來走去唸個不停，好像是對自己講，其實是對別人講。我們在院子裡鬧得太兇，或者見美稍稍野一些，老太太就站到陽台上來看我們，其實也未必有什麼惡意，但見美就會坐立不安，一會兒便跑回去了。

那時我趕時髦的讀了不少左傾書籍，人民專政啦，階級鬥爭啦，滿腹經綸。在內心深處，我把好奶奶定位做封建反動份子，是需要打倒專政的對象，我很同情見美，晚上等老太太關上房門就找見美來，補講她白天沒聽完的故事。見美聽得津津有味，我也抓住機會，鼓勵她參加我們的統一戰線，來個階級革命，把好奶奶給鬥下去，對於這一套，見美卻完全聽不進去，講了半天，她也只是說「這樣不好嘛」，見美是不革命的。

但見美也不反革命，她不參加我們的脫法活動，但還寄予好奇和同情。

充當南丁格爾

澳門島是座從海中突出來的山丘，我們家在半山腰，沿著街一直往上，漸漸的房屋稀少，和別的街道聚匯在一起，形成一個小小的廣場。廣場底端，是座廢棄的砲台，從那兒望出去，全澳門都收入眼底，遠遠還可以看見一座座南中國海中星羅棋布的小島。當年這兒一定曾經風光過，可是現在已完全廢棄荒涼，黃昏時分，成爲山腰腳下各區各派青少年活動較勁的中心。

那時，港澳的本地人把北方來的外省人全叫做上海人。有一次，我們這些上海人和在地的少年幹了起來，我從砲台上被推下來，頭上撞了個洞，血汩汩的流出來，究竟還都是小孩，大家嚇得一哄而散。同院一位比我年齡還小些的男孩，扶著我兩人一踅一踅的回到督軍府，聽到門鈴出來開門的正是見美，迎面看見一個滿面是血的笑笑叔叔，我現在還記得她那忽然見了鬼似恐懼得青白的臉，還好當時一進門我便把手往嘴上一指，見美才沒有叫出聲來。他們把我扶到大門邊原來督軍府的警衛室，這事決不能讓大人知道，丟臉不說，都得挨一頓罵。

那天下午到晚上，見美可忙了，紗布毛巾紅藥水來回的搬，小小的手，一面發抖，一面擦臉抹血，一盆水都染紅了。晚飯的時候，還偷偷的送些湯菜來，血好不容易止了，精神也好起來，我一面靠著，一面就給他們講南丁格爾的故事，見美也回過神來，聽著聽著便流下眼淚。

我說，南丁格爾從來不流淚的，另外那個小男孩，原來慌得什麼事都做不了的，這時也忽然男子氣起來，見美反倒是不好意思，偷偷的就止了淚。不過，後來還是在暗地下對我說：「以後不要再打架了，流血好怕人！」

在澳門住了一年多，韓戰爆發，台灣局勢穩定，農復會決定繼續下去，家眷也就全體遷回台北。我進了台大，見美先是國小，後來是一女中，就很少很少見面。但也是緣份吧，她卻成爲我大學時代心理上的威脅。

父親出身貧寒，讀書的機會是千方百計爭取而得，生母也是一生苦學苦幹，去世得早，父親對長子的我，期望特切。尤其學生時代，認爲應該專心讀書：「萬般皆下品，唯有讀書高」。但這樣反而對青少年的我引起一種潛意識的反抗心理：「萬般皆上品，唯有讀書低」。籃足棋橋，十八般武藝樣樣都來，讀書嘛，對付過去就可以了。但是我的兩位妹妹，尤其小我十六歲的慈輝，卻完全接受了父親的價值觀念，我有朋友上門，她就問人家考幾分，拿過書卷獎沒。沒有的，就不給進門。

見美進了中學，品學兼優，功課好不說，對長輩文靜有禮，對同輩親切和善，這就成了妹妹們心目中的偶像。偏偏蔣伯伯內誇不避親，見美在學校得了獎考了第一，總要間接直接的透露出來，父親回到家一講，妹妹們就用來刺激我——她們說是激勵我，氣得我牙癢癢的。那時過年過節，見美總隨蔣伯伯、蔣伯母來拜年，先問了太老師、太師母好，就給我說笑笑叔叔好，我卻打了招呼便往外溜，免得又被牙尖嘴利的小妹妹抓住機會來機會教育。

與見美再次相逢

後來大學畢了業，我先出國，見美先進台大，然後也出國，將近二十年，大家各自走各自的道路，不但不通音訊，幾乎也不知音訊。

但是人生的舞台，卻又轉回來。一九七三年，我辭去了美國的教職，回到清華大學任教，那年的秋天，蔣伯伯請了一批晚輩，到中山北路的美軍俱樂部去吃飯和跳舞。這批晚輩中包括郭家的幾位女兒，大妹、小妹和老五，主客是見美，原來她也從美國回來了，這天是替她過生日。中隔了十幾年，我們才又第一次見了面，離最初的第一次見面，已經四分之一世紀了。

後來，當然就重新的熟起來。七、八位三、四十歲的朋友，主要就是那次生日宴的客人，平常各忙各的事，一有空，就「聚一聚」，主要是清談，人生國事，各自發揮。見美很快以她 common sense, considerate 和 helpful 的本性，贏得所有朋友的信任和尊敬。她不再是當年跟在後面聽故事的小女孩了，經過一次婚姻的洗禮，依然文文靜靜，但在文靜中透露出沉毅的堅強。郭家幾位姊妹，一個比一個聰明，發揮起議論來，各領風騷，但只要見美發了話，也從不疾言厲色，大家就乖乖的聽她的。

有七、八年光景，這一群朋友「夥」在一起，見美有點像我們的大姐頭，不過是溫暖的大姐頭。

芸娘的溫暖

林語堂爲《浮生六記》作序，嚮往沈三白筆下的芸娘，十分期望也有朋友有這樣的妻子，得意時往訪，賓主開懷暢談，深宵露冷，她會拿一條毯子來蓋在你們膝上；失意時往訪，她也會溫一壺淡酒，聽你發盡牢騷，用靜靜的了解來慰藉。林語堂說，這才是人生的福份。現在時代不同，但是見美的朋友，無論男女老幼，和她相交久了，或者一通四、五十分鐘的電話，或者半瓶殘存的威士忌，也多曾從她那兒分享過她 common sense 和 considerate 的溫暖。

見美去世前，已是台灣食品界的龍頭，這是點點滴滴的功夫積來的。廿年前，她帶養兩個才牙牙學語的小孩。去輔仁教書，從講師開始，台北到新莊要轉那麼多次車，私立大學的課又多，有一段時間，說是學以致用，我想也是為賺些錢貼補家用吧！一近聖誕，就開始做巧克力、醃鷄，趁年節外賣。聖誕前後，滿屋子堆滿了沒改完的考卷和沒賣出去的巧克力。大家玩得最開心的時候，也是她最忙的時候，但只要找她，她還是興高釆烈的來，現在想想，也不知那些巧克力是怎麼做出來的。

見美最令人稱羨的是她的一對子女，尤其是她和子女的關係，她和他們是朋友，而且是知心的朋友。聰玲和Ben Ben，我眞的是看他們從小長大，現在回想，想來想去也想不出他們曾給媽媽添過什麼麻煩。見美初回台灣時，和父母住在一起，後來搬去潮州街獨立門戶，有時興之所至，我打了個電話就去她家吃飯，四個人在廚房的櫃檯上嘻嘻哈哈的吃，吃完了聰玲和 Ben Ben 各去做各的功課，我從來沒見見美催過他們，好像也不怎麼教他們，倒是常常摺紙蝴蝶啦，剪花衣裳啦，陪著一起玩。

他們去做功課，我和見美就在客廳裡高談闊論，談得高興就說去跳個舞吧，跳舞的地方是信義路的聯勤俱樂部，五分鐘路程就到了。也不必打扮，拎個皮包，給兒女打個招呼，有時 Ben Ben 還出來送媽媽，恭恭敬敬的叫聲笑笑伯伯，然後對媽媽說，好好的玩，不要太晚回來喔。還做個鬼臉。等走出大門，我對見美說：「這倒像哥哥妹妹。」她說：「那裡，是老爸送女兒，是送第一次 date 的女兒。」然後笑得好開心。

我第一次見到 Ben Ben，是在和平東路時的蔣家，他坐在地上玩積木。後來，漸漸的長大，小學時教過他幾何級數算術題，中學時教過他力偶輪軸的物理題，也和他下過象棋，最初是讓車馬砲，後來只讓馬，還被他贏過一盤。見美把子女當朋友，也讓他們共享她交的朋友。我們常在客廳高談闊論，Ben Ben 進了高中，她就讓他坐在旁邊聽，後來 Ben Ben 也提出自己的看法，漸漸的大家都成了平等的朋友。

三代相交，輩份模糊

沈家和蔣家三代相交，相互間輩份有過模糊的變化，到台灣來後，見美就不叫我笑笑叔叔了，起先很技巧的叫沈院長，漸漸的叫沈君山，後來乾脆叫笑笑，而把笑笑叔叔的稱呼傳給子女，不過把叔叔改成伯伯。這一番變遷 Ben Ben 是記得很清楚的。有一次，也就是一兩年前吧，我到見美家去吃飯，Ben Ben又有了知心女友，他很頑皮的說，以後笑笑伯伯這個頭銜就傳給我兒子吧。見美說，那笑笑就得叫我蔣伯母。聽玲聽了大叫：好恐怖啊！

聽玲因爲是女孩，比較含蓄，來往就少些。我只記得她聯考那年，關在自己房裡讀書，身材像吹氣球的胖起來，考完聯考，她從房裡出來，叫一聲笑笑伯伯，我看了大吃一驚：「哎喲，怎麼胖成那樣！」她一聽就又縮回房去。爲了這一句話，見美數落我不只一次。後來聽玲進了大學，參加土風舞等各種社團，非常活躍，身材也恢復正常，我一有機會，尤其是她媽媽在場時，就趕快恭維兩句，以贖前愆。

我和見美熟識近半個世紀，年齡也相去不遠，尤其在我們剛回台灣那段時期，自然也萌生過不只是友誼的感情。但都已曾經滄桑，也是緣份，也是珍惜，珍惜幾十年自然成長的著實知己的友誼，沒有勇氣也沒有必要再去換取太不可持太多其他因素影響的新關係，就那麼一刹那，也是時機，也是理智，我們默契一笑的又返回穩定信任的友誼主流，就這樣相交十幾年，直到今年九月，也會一直到永遠。

我比見美大六歲，但在待人處世上我總把她當我的姊姊。見美最可貴的特性就是很自然的成爲可以信任信賴的朋友。這是天賦。她是子女的朋友，父母的朋友，也是朋友的朋友。試想想，假如有這樣的一位朋友，你可以完全沒有保留的讓他分享你的喜悅，即使是虛榮的喜悅，分擔你的苦惱，即使是庸俗的苦惱，而不必擔心他會心中暗笑，甚或事後宣揚。你有疑惑不決，他會給你常識的忠告，但並不自以爲是，也不讓你感覺絲毫壓力。有這樣的朋友，是何等的可幸可貴。

回台灣後的頭十幾年，我很喜歡寫政論，有許多看法、理念，今天視爲當然，當年卻是大逆不道。這些政論文章，常給我惹麻煩，也給蔣伯伯惹麻煩。

有一次，三民主義大同盟成立，我在不太知情的情況下，被列名爲五位發起人之一。大同盟打出三民主義統一中國的口號，這把兩岸關係從政權之爭提昇到意識形態之爭，在當時也是一種進步。但我去高雄演講，說三民主義統一中國目前不太可能，應該先在台灣做好三民主義，譬如落實民權主義等。《民衆日報》和《自立晚報》等高興極了，大幅報導「沈君山說：三民主義統一中國無望，不如在台灣推行民主。」

還有一次，幫一位國民黨提名的朋友選立法委員，代爲捉刀寫了一篇競選政見，登在《中央日報》，其中提到國際參與，說漢賊不兩立的國策，事實上是賊來漢逃，結果是賊立漢不立。這一篇文章，害得當時的《中央日報》總編輯下台。諸如此類犯忌諱的事，累犯不改。狀子統統告到時任國民黨祕書長的蔣伯伯那裡，也許是不好意思，也許是想講了也未見得有效，他很少和我說，但有時也告訴見美，見美來告訴我，但卻總加上一句：「你說得對，我給爸爸說，本來就是那樣嘛！」事實上，幾乎每篇文章，都曾先給見美看過，她是我的志願文工會主任，大多數的時候，她都同意，甚至還有更激進的想法。但偶爾也會說：「這些話都對，但人家不喜歡聽，不說也可以吧！」只要她這樣講了，那篇稿子大概就會送進字紙簍。

見美在思想理念上很開明，在待人處世上卻處處謹慎週到。有一次，我被她好好的訓了一通。民國六十七年底中美斷交，民情沸騰，都爲台灣的前途擔憂。那時孫運璿先生剛擔任行政院長，他的幾位子女紛紛從海外回來，長女璐西是見美在食品營養界的同事，大家就常聚在一起憂國憂民。孫家的老三，最爲激進，口齒也伶俐，在家裡和父親辯、和父執輩辯，總之，對當時的外交政策甚至國策都有一番意見。

在這方面，我是下過十幾年功夫的，就傾囊相授，講給她們聽，什麼共享主權分擁治權，唯有兩治始可兩制，制競民擇志願統一等等，大致就是今天的國統綱領的縮影。孫先生要發表元旦咨文，我還寫了一篇英文的'*One country, two system*'交給老三帶回去給她父親看。這篇文章後來我用自己的名字登在 *Wall Street Journal*，那時鄧小平的一國兩制還沒出世，而我建議的 One country, two system 事實上是一國兩治的意思。

只是發發宏論也就罷了，但有時講的得意忘形，便幻想更進一步。有一次就鼓動大家，「我們應該做紅衛兵，給這些當權派來個當頭棒喝……。」

這種念頭，也不過說說，璐西等雖然愛國，更加孝順，絕不會回去鬥孫伯伯，不過這話聽在見美耳裡，卻大不以為然，她也已經不是當年澳門那個只是搖搖頭不肯去鬥好奶奶的小女孩了。

紅衛兵的演講完畢後，璐西們都走了，我也跟著要走，見美卻說：「笑笑，你等一下。」

我與致勃勃的留下，以為她要誇讚我的精闢妙論，不料卻來了這樣一場對話：

「笑笑，你今天話講錯了。」

「怎麼？」

「你爲什麼要提什麼紅衛兵？還要璐西、小三做紅衛兵，眞是亂說！」

「這……」

「不要再強辯了，錯就是錯。」

我垂頭喪氣的回家，從此噤口不敢再提紅衛兵三個字。

見美有很多朋友，很多朋友也把心裡的話給她說，說完了鬱結就減去六分，她再輕輕兩言三語，那剩下四分也往往煙消雲散。我們是最老的老朋友，後來一些私人感情的問題，也常互相慰藉，當然是我的問題多，往往一下子就瘦掉幾磅，事後見美說是「減肥良方」。

但是，有一次，見美也有了煩惱，心情非常低沉，平常她十分自制，很少用自己的喜怒哀樂來麻煩別人，這一次卻持續好一段時期。我是一個不會安慰人的人，心裡著急，就只會拉她去跳舞、散心。

見美喜歡跳舞，也是很好的舞伴。像她做人一樣，一點就透，善於配合，不亂

►八〇年代初與蔣見美合攝
於台北美軍俱樂部

▲九〇年代初與蔣見美合攝於舊金山海濱

耍花招。當時聯勤俱樂部剛好舉行年度交際舞大賽，我們參加了吉魯巴和倫巴兩項，吉魯巴在複賽時就被淘汰，倫巴卻打進最後五對，兩個禮拜後再決賽。那時舞禁並未正式開放，但是卻也有半合法、半非法教舞場合，我們決定臨陣磨槍去學幾套花招。

經朋友介紹，到中山北路五條通一條巷子的舞館去拜師。第一次去時，黑漆漆的摸進去，又黑漆漆的摸出來，同學們三教九流，看看有些亦似非善類。學完了，和「老師」約好兩日後再去，但到時我卻有些怯場，一位是清大理學院長，一位是輔大教授，又是教育部長的女兒，萬一出些什麼事，報紙上的花邊可熱鬧了。不過這次見美卻膽子大得很，「去，去，已經約好了，我都不怕，你怕什麼！」

結果那次比賽，我們得了冠軍，獎品是一瓶香檳，買了些滷菜，回到潮州街痛快的對飲一頓，那天晚上，我們把一些不愉快的心情，都留在門外。

最後一次見面

春去秋來，歲月易逝，漸漸生日宴上那批三、四十的朋友，很快的就四十、五十而五十、六十，興致日減。見美也建立了她在食品界的地位，日常往來更多事業工作上的朋友，六、七年前又患上了後來致命的怪病，清談式的「聚一聚」的機會更少。但我們互相間知己的交情絲毫不減，就是後來我入閣任了政務委員，又結了婚，一遇到人情世故上的問題，還是深更半夜的打電話向她請教，她也還是諄諄善導。

最後一次見到見美，是今年的九月三日，但那時她已虛弱得很，在醫生的禁令下，只遠遠的點了個頭。比較長一點時間的交談，應該是在七月的一個下午。她因爲照輻射，頭髮已經剃光，身上瘦得不得了，但臉上，可能因爲輻射的關係卻是油光光的。

病房門上照例掛著謝絕訪客的牌子，病房內卻只有一位護士，平常總在的沈醫生和 Ben Ben 都去參加醫療會報了。見美讓護士招呼我進入，因爲她怕感染，我戴上口罩，還是要隔著一張病床，遠遠的坐著。看著她心裡難受，實在也沒有什麼話好說，就只能儘講些笑話，撿些能讓她開心的話說，談著談著，就回到過去的事，澳門時怎樣躲好奶奶，怎樣去五條通學跳舞，爲「紅衛兵」挨訓的事等。我說那次她眞兇，她說：「你知道你爲什麼怕我嗎？因爲七歲時就把你給鎭住了。」然後就自己一個人輕輕的笑。但又說「不要惹我笑，笑了肚子痛。」

那次足足聊了三、四十分鐘，遠遠超過醫生的許可，但Ben Ben們遲遲不回來，見美還自我調侃的說「一定是被我出的難題難倒，解不出來了」。

最後，又提起蔣伯伯的自傳。對自傳蔣伯伯自己並不起勁，卻是見美近兩年來最關切的。見美身體愈不好，愈是對父母親關心，只擔憂能盡孝的日子有限。她自己生病住院，蔣伯伯來看她，她卻要醫生先替蔣伯伯量血壓，提醒他吃藥，國事煩心，又鼓勵蔣伯伯無論如何要撐下去。因爲知道我大而化之，平常她很少拜託我做什麼事，但蔣伯伯自傳的事卻找我兩次，要我去找靠得住的出版書店及執筆者。那次我辭別前，她又再提出來：「這件事你一定要幫忙啊。」

九月十三日傍晚，我和麗華在重慶南路逛書店，卻不知道就在幾百公尺外，一位我最敬重最知己的朋友，在父母朋友的詩歌聲中，漸行漸遠的去了。

九月廿八日，台北的朋友爲見美舉行告別式，那天我正在新疆，爲了探尋東亞天文台的台址，和一群日韓天文學家，跋涉於天山峻嶺和吐魯蕃戈壁之間。第二天，探址工作告一段落，各國同行紛紛賦歸，因爲九月卅日正好是中秋，我就多留一天，獨自去天池賞月。

母親與月亮的記憶

天池亦稱瑤池，是天山博格達峰中冰川匯集而成，海拔兩千多公尺。我由一位「地陪」陪同，中午入山，汽車沿著公路盤旋而上。時序仲秋，群山掩映，未卸綠裙，已先白頭，峰迴路轉，忽然間碧綠汪汪的一片。天池遠觀勝於近玩，空山鳥語勝於遊人如織。那天衆人都已回家過節，半山的旅舍中，除了我們，只有一對洋人夫婦，地陪準備了水果月餅，我去湖邊散步，他便擺設起來。山中黃昏易逝，夕陽才下去，山色馬上就暗淡下來，草草的吃過晚餐果點，搬了張椅子，獨自沿湖去坐著，習習山風，吹來松濤聲聲入耳，未幾，便見月出乎東山之上，徘徊於牛斗之間，清光四溢，夜空如洗。

五十二年前的中秋，在四川的一個小城，生母也曾擺設了月餅水果，帶著我們三兄妹一邊賞月，一邊講吳剛伐桂、嫦娥奔月的故事，兩天後她就忽然在實驗室因腦溢血去世。當時我只有九歲，晚上再看到月亮，月影中依然綽綽約約，母親卻沒有了，是不是到月亮上去了？就對著月亮大叫：媽媽回來，笑笑想你！後來長大，月圓獨處時，也還常想起這段情景。

天山憶友

天山的晚上，憶往思今，故交已漸零落，自己也年過花甲，尤其想起見美，已化為雲煙。回到房裡，寫了這篇追思，也寫了一副紀實的輓聯：

相識半紀，孝陵衛、督軍府、潮州街往事多少。
歸國廿載，教人情、慰失意、評兩治知己唯君。

出到中庭，子夜已過，仰望皓月當空萬籟俱寂，銀漢無聲，玉盤輕轉，斯人已逝，往事如煙，明明如月，永不可掇，哀從中來，絲絲如縷。回到房間把輓聯就燭上焚了，山風吹起，化作片片，飄飄蕩蕩的散去青山碧水間。

（一九九三年中秋於天山完稿、一九九四年九月《九十年代》刊載）

萬古人間四月天

——胡適、徐志摩、林徽音、金岳霖的愛情與婚姻

二〇〇〇年初，描寫徐志摩一生的電視劇《人間四月天》風靡校園，四月應清華大學慶祝校慶，舉辦了一個座談會，談徐志摩和他那一代人的愛情，本文是那次座談會的講稿。

看《人間四月天》，使我聯想起兩個故事，一個是關於胡適和韋蓮司的，胡適在青年留美的時候，認識了一位比他大六歲的美國女士，她並不美，但胡適為之傾倒不已。在他遺留下來的留學日記和親友書札，處處可見對韋毫不掩飾的傾倒之情，主要是對於她的高潔品格和啓發性的思路，但當時胡適在老家已有婚約，卻從未有

毀約之念。這一點他們兩人從一開始就都了解，假若愛情的果實是婚姻，那麼從一開始，就都知道這愛情是不會結果的。但這並不妨礙他們相愛，而這一段愛情維持了五十年至死不渝。最初是互相激發心智的知識伴侶，後來在知識領域中，胡適當然遠遠超過了韋蓮司——韋終身的職業就只是康乃爾大學圖書館的一個管理員，但雙方情誼卻久而愈醇，韋成爲胡適夫婦通家之好。胡適後來成爲世界性的偶像，但在韋面前，仍毫不掩飾的訴說衷情，而韋對感情的負責誠實，其人格光輝也處處在通信中顯露出來，不隨歲月消減。在胡適去世後，韋已年逾古稀，仍盡餘力將胡在康大的文件及他們的通訊整理編檔，交給胡夫人存入南港中研院的胡適紀念館。周質平教授根據這些資料編寫成《胡適與韋蓮司》一書，也成爲了解青年胡適思想成長的重要參考書。

徐志摩的故事，和胡適之正是一個對比，胡韋在討論父母之命的婚姻時，胡就指出有兩條路，一是容忍遷就，一是獨行其是，胡選擇了前者，而徐選擇了後者。徐的不恤人言，不諒父母，以一己眞誠的感情爲唯一指標，在《人間四月天》的影劇中，鮮明的顯示出來。而胡的容忍遷就，不只是爲江冬秀，更主要爲他母親，他不願意傷害她們，胡在作此抉擇時，引用了康德的一段話，作爲價值判斷的依據：「無論是對自己，還是對別人，都要將人道本身視爲目的，而不僅是手段。」、「要以人道作爲最終的裁判。」

所謂人道，積極的是人溺己溺，消極的，就是梁任公責備徐志摩的話，不能以自己任性的快樂，建築在他人的痛苦之上，以此終不能久。胡適的這一看法，後來發展出來，成爲他一生奉爲圭臬「容忍比自由更重要」的思想。

現在父母之命的婚姻早就過去，今日男女都要做獨立自主的人。良人者仰仗終身者，紅蓋頭掀起來，終身便從一而終的情形再不復見，但新的婚姻有新的困擾，一個人一生大多要經過幾次痛苦的抉擇，幾次悲歡離合。完美的愛情和完美的婚姻完全不一定能劃上等號，有情人當然最好成爲眷屬，但不必也不一定要成眷屬，婚姻的形式在改，將來也許契約的形式都會改掉，但終久是共同相處的伴侶，有靈性的伴侶，有知性的伴侶，有事業的伴侶，更有生活的伴侶。所謂生活包括柴米油鹽日常相處。聰慧才情的男女，在愛情中沉湎於前兩者，而婚姻的基石卻往往在後兩者。林徽音選擇梁思成，徐志摩得到陸小曼，在愛情層面上，也許後者更「美」，更羅曼蒂克，但在婚姻層面上，成敗得失是十分顯然。

眞正懂得愛情的人，不只在獲得，更在如何轉化，失敗了，如何化愛情爲友情，成功結果了，也要化激情爲溫情，使之可長可久。當然，分手總是痛苦的，情感的傷害難免，但時間會讓它痊癒，最重要是不要傷害對方的自尊，也不必傷害自己的自尊。尤其是年輕的男女，往往分不開愛情和自信。失戀的時候，最傷心的往往不是緣分已盡，而是「我眞的那麼差嗎？」事實上，愛情是盲目的，人生一生的成敗和情場一時的得失，並沒有關聯，只是太上何能忘情，必須分手時，一定要互相幫助，重建自信的幫助。

更上層樓的，要了解，得不到並不等於失去，得不到可以是更得到了。這話聽來難解，讓我講另一個故事，也是屬於清華園的，發生在金岳霖、林徽音和梁思成之間，可以說剛剛接在徐志摩之後。金是很有聲望的哲學家。三〇年代初他們三位都是清華的教授，林徽音去世後，梁思成續娶的第二位夫人林洙，寫了本林徽音的傳記，對這事經過有生動描述，錄之於後：

我曾經問起過梁公，金岳霖爲林徽音終生不娶的事。梁公笑了笑說：「我們住在總布胡同的時候，老金就住在我們家後院，但另有旁門出入。可能是在一九三一年，我從寶坻調查回來，徽音見到我哭喪著臉說，她苦惱極了，因爲她同時愛上兩個人，不知怎麼辦才好。她和我談話時一點不像妻子對丈夫談話，卻像個小妹妹在請哥哥拿主意。聽到這事我半天說不出話，一種無法形容的痛苦緊緊地抓住了我，我感到血液也凝固了，連呼吸都困難。但我感謝徽音，她沒有把我當一個傻丈夫，她對我是坦誠和信任的。我想了一夜該怎麼辦？我問自己，徽音到底和我幸福還是和老金一起幸福？我把自己、老金和徽音三個人反覆放在天平上衡量。我覺得儘管自己在文學藝術各方面有一定的修養，但我缺少老金那哲學家的頭腦，我認爲自己不如老金。於是第二天，我把想了一夜的結論告訴徽音。我說她是自由的，如果她選擇了老金，祝願他們永遠幸福。我們都哭了。當徽音把我的話告訴老金時，老金的回答是：『看來思成是眞止愛你的，我不能去傷害一個眞正愛你的人。我應該退出。』從那次談話以後，我再沒有和徽音談過這件事。因爲我知道老金是個說到做到的人，徽音也是個誠實的人。後來事實也證明了這一點，我們三個人始終是好朋友。我自己在工作遇到難題也常去請教老金，甚至連我和徽音吵架也常要老金來『仲裁』，因為他總是那麼理性，把我們因為情緒激動而搞糊塗的問題分析得一清二楚。」（註）

在《林徽音文集》中，後期的詩文常常提到金岳霖，很多全家福或朋友出遊的照片裡，全有老金，斜著頭仰起臉非常神氣的樣子。林去世後，他寫了副有名的輓聯：「一身詩意千尋瀑，萬古人間四月天。」後來金和梁的友情一直維持到文革時期，都受盡折磨，也互相激勵。我們可以說，在世俗眼光裡，他是「退出」了，但在更高一個層次上，他是「進去」了。

當然，做林徽音、胡適之這樣絕代才華、絕代風貌的人的另一半，是非常不容易的，因為他們的感情是永遠不可能為一人獨占。胡適之夫人江冬秀在晚年也寫了本自傳，初稿曾在閨閣好友間傳閱，我在表舅母沈怡夫人處曾略得窺閱，非常精彩，連白話文文字都很出色，看得出做胡先生夫人的艱辛，可惜一直不曾出版，江去世後，他們的兒子祖望將之一把火燒了，非常可惜。

（原載二〇〇〇年五月七日《聯合報》）

註：林洙，《碑樹國土上美留人心中——我所認識的林徽音》

科學

智識的突破

——愛因斯坦的故事

前言

一九八五年底，因事過港，董橋兄告訴我《明報月刊》創刊二十週年，要出紀念特刊，希望我寫一篇「大家看得懂」的科學方面的文章，共襄斯舉。

從《明月》創刊，我便是它的讀者，六十年代初期，金庸的武俠小說在美國的留學界流行，大家為之風靡。我那時正在普林斯頓大學做研究，到了週末，便驅車赴紐約，下午照例到九十六街（後來搬到五十七街）的日本俱樂部下棋，晚上便和約好的友伴去看芭蕾、歌劇、或者參加舞會，這些我並無所偏，大多投伴之所好。但有一事卻是要依我的，便是先去唐人街吃一頓中國飯和買一些中國書。中國書，偶爾買些詩詞經典之類，但大部份是武俠小說，不只是金庸的、梁羽生的、張夢還的，新到的都買。拎著一大綑這樣的中國文化，從同伴的一瞥一語中，也可以體會出她認為我的不夠文化，但那是顧不得的了。

週六深夜返回普城，星期天的早晨便是一週中最享受的時光。《紐約時報》的星期天版，唐人街的叉燒包，還有武俠小說，並排的擺在床側，一樣一樣的吃，一樣一樣的看，一樣一樣的丟到床下，等到床下丟滿，日已過三竿，伸個懶腰，從報紙書堆中，瀟灑的走向浴室，才又是一週的開始。

這些被認為不夠文化的文化，卻也很提高了我在普城中國人圈子中的社交地位。很多都在等著做它們的第二輪讀者——已故世的數學家王憲鍾先生便是最熱切的一位，那時正是我們批判性研究性都很強的時候，金庸的小說，當然最得大家喜歡，但也難免被評頭論足。他的書，差不多每部都提到圍棋，一看便知，作者必然嗜棋，但也偶見瑕疵，譬如《書劍恩仇錄》中，陳家洛和師父下棋，用擲暗器的手法把棋子一顆顆釘入數丈外懸空的棋盤，姿態是很優美瀟灑了，但圍棋不只落子，也要打劫提吃，提吃起來，怎麼辦呢？至少書中沒有交代。

一九六六年初，我途經香港，打聽到金庸的電話，乃作毛遂之自薦，並且在電話中就給他的武俠圍棋提了意見。通過電話，只能聽見對方嘿嘿、嘿嘿的兩聲，也可能是苦笑吧。不過當晚，金庸還是約了幾位棋文之友——我還記得，其中一位有一對炯炯眸子的青年，是胡菊人君——在半山他的寓所小聚，美酒佳餚，繼之以圍棋，風捲殘雲之後，就天南地北的談起來，從聾啞老人的珍瓏棋局到剛起來的文化大革命，與盡而出，已過子夜，望下山去，燦燦爛爛，也分不清是星、是燈，還是漁火，只是好一片江山。主人殷殷相送，一套《笑傲江湖》，一套《天龍八部》，還有兩本新出版的雜誌，就是《明報月刊》的頭兩期。從此，《明月》也成了我的枕畔好伴，優先度約略次於金庸的武俠。

二十年來，江山漸改，人事稍異，《明月》的重點也漸漸從政治社會轉向知識文化，也許那是較為乾淨明亮的世界吧．所喜兼容並蓄的性質並無稍變，但世事可測，「盤角曲四」，也有局終之時，二十年後，將又是另一番天地，笑傲江湖，其誼其興，只是機緣，原未可永期。《明月》的主人，珍惜《明月》二十歲的生日，我從《明月》的讀者而作者，也珍惜這份殷殷約稿的情誼。

清華大學這幾年來，也在推展通識教育，我為理科以外的學生，開了一門「科學與認知」的課，這篇文章就是從那門課的講義改寫的，因為是通俗性的文章，文獻引據註釋等都不贅述，讀者有興趣的，請參閱專門性的書籍。還有，原答應了董橋兄趕二十週年的特刊的，一耽擱，誤了截稿的日期，再一拖延，到學校放了假才又執筆，謹向董兄致歉意，並請哂納這份遲來的生日禮——

以簡馭繁，徵而後信

本文的主題是敘述科學的智識如何在舊的基礎上成長，然後再回過頭來突破舊的體系，創造新的體系。並且借用愛因斯坦一生的努力和成就，來說明這樣的一個過程。

自然是一個客觀的現象，對這個客觀現象經過觀察所作的敘述便是自然智識。

自然界的現象千變萬化，勢不可能一一敘述。於是，從經驗中，人學會如何將繁瑣的事象觀念化和抽象化，將普通生活中瑣碎的經驗轉換發展成爲一個邏輯謹嚴的智識體系，是即科學的自然智識，以下簡稱科學智識。

科學智識的一個重要特徵便是「以簡馭繁」；用簡潔的原則定律來解釋一些普遍的現象。以牛頓的「萬有引力定律」爲例，它的內涵非常簡單，二三十個字就可說完，但這個定律卻可以解釋像蘋果爲什麼會從樹上掉下來、人爲什麼會有重量、月亮爲什麼會繞著地球轉等等不同的現象，假如對這些現象每個都去講一個道理，會不勝其煩，可是「萬有引力定律」卻用一個簡單的公式把它們都涵蓋、解釋了。這就是科學智識的一個特徵：將個別的具體智識轉化爲普遍的抽象智識。

科學智識的另外一個特徵就是「徵而後信」，這也是自然科學智識與人文、宗教等智識最大的分別。徵驗的方法隨時代進步，最初是靠經驗，然後是觀測，再後是實驗；經驗是無心的累積，觀測是有心的留意。實驗就更進一步，是創造一個人爲的環境，使此一環境中所有的條件符合觀察者的要求而進行的觀察。經由經驗、觀測、和實驗這三個不同層次方式所得出的結果便是實證。實證是判別一切科學智識最後的權威。

雖然科學智識的基礎建立在實證上，但是怎樣經由觀察得到實證和怎樣經由實證導出智識，卻因所用工具和所受限制不同而頗有所異。

觀察有直接的觀察，也有間接的觀察。直接的觀察如耳聞目睹，經由五官來感知。然而耳聞目睹所能及的範圍有限，因此就必須借用工具來幫助拓寬眼界。透過不同的觀察工具，我們對事物得到不同層次的認知。

舉例來說，像平常的一張白紙，用眼睛看，得到的印象是色白平滑，用顯微鏡去看，則脈絡畢現，再用電子顯微鏡去看，卻變成一顆顆疏疏落落、排列有序的分子。因此，同樣的一張白紙，由於觀察工具、觀察方法的不同，所得到的智識是不同的。

不僅觀察有直接間接之別，智識與其所根據的實證之間的關係，也有直接間接的不同。我們且用一個淺近的例子，以青蛙、恐龍和太空生命來說明這點。

觀察青蛙可以得到直接的證據，我們對青蛙的認識是建立在對一隻隻青蛙實際解剖觀察的基礎上。因此，將來科學再進步，對青蛙的認知層次縱會有所不同，基本的認識卻不至有變。恐龍則不然，恐龍早已絕跡，我們對恐龍的認識，是根據牠們遺留下來的骸骨化石推演而得。假如一旦有新的化石發現，則整個恐龍學說就可能會有新的改變。至於現在大衆傳播常常描述的太空生命則又是另外一個層次。目前我們並沒有任何有關太空生命的實證或反證。但是，由於近年來天文和生物方面智識的進展，使我們可以根據這些已經確立的科學智識，推演出一個合理的結論：就是太空生命應該存在，而且值得去探尋。但是，即使最熱心於太空生命的科學家，也不能提出一個具體的理論，說明太空生命究竟像什麼，或者指出在什麼條件下一定可以探測到。

所以，青蛙、恐龍和太空生命代表三個不同層次的科學智識。第一個層次有直接的實際證據，第二個層次經由間接的證據推演而得，第三個層次則是根據已建立的科學理論所作的推測。嚴格的說，第三個層次的智識只能算是邊際性的科學智識。

科學愈發達，工具愈進步，人對自然的觀察愈趨精微，但是，所能得到的自然圖像卻總是有限制的。所以，科學智識的體系是一個發展的體系。科學所描述的對象本身是客觀的，不變的，但經過觀察而得的智識卻是相對的，有時間性的。科學承認絕對眞相的存在，但科學只能逐步趨近的去認識它。在任何時候，科學永遠只能得到相對的眞相。

雖然科學的智識只是相對的，但在實際上，卻並不影響它的可信和致用。這是由於科學智識的一致性和預測性。科學根據當時最有效的方法，觀察自然，再經過公認的推理方法，歸納簡化爲一項項的定律。這些定律，雖然只是相對的正確，但是，只要客觀的條件不變，其導出的結果亦不會變，它們不受人主觀意識的影響。一張白紙，用肉眼和用顯微鏡去看不一樣，但是，不同的人用同樣的顯微鏡去看，卻一定會得出同樣的結果。這是科學的一致性。由於它的一致性，運用科學的定律，可以推斷出各種情形下所應該產生的各種結果。因此，它又具有預測性，由於科學智識的一致性和預測性，它才可以致用，才能令人相信。科學懷疑權威，帶來改變，必然不會爲代表傳統的各種力量所喜。拒斥對抗，歷史上中外的例子很多，但因爲它的可信和可用，處在一個互相競爭的世界中，竟不得不接納它。

智識障和言語障

我們常聽說科學萬能，這句話當然是不正確的。因爲科學要求實證。所以科學運用的範圍是相當有限的。但這範圍是在不斷的擴大中。舉例來說，像宇宙論；一百年前，宇宙論只能算是一個宗教上或哲學上的問題，因爲當時的觀察工具還觀測不到宇宙演變的任何跡象。但是今天的情形就不一樣了，今天科學家已經探測到不少宇宙初生時的遺跡，可以據此推測宇宙在多少年前誕生、當時溫度有多高等等，所以宇宙論現在已是科學範圍內很熱門的問題了。

科學的體系不斷擴張，科學的智識不斷更新，舊有的智識體系，一方面是新知識發展的基礎，一方面卻又難免是新智識突破的束縛。科學將繁複的經驗抽象化、觀念化、邏輯化而形成一個個的智識體系。科學家要建立新智識的體系，不能不先熟悉舊智識的體系，不能不先浸沉在舊智識的觀念和邏輯中，因此，要想自其中跳出來，突破此「智識障」，另創新格局，非常之不容易。

「常識」對人思想的拘束，可以用一個例子來說明：今天大家都知道太陽東升西落，是因爲地球自轉。一年有春夏秋冬，是因爲地球公轉。這是小學生都知道的「常識」。但是在十五六世紀之前，幾乎所有人都認爲地球不動，而是太陽星星們繞著地球轉。公元前四世紀時有一位先知先覺的天文家 Aristarchus，曾經提出地球公轉的太陽系模型，和兩千年後哥白尼提出的模型幾乎完全一樣，但當時卻不能被大衆接受，很快就被遺忘。爲什麼呢？因爲當時並沒有萬有引力的觀念。「常識」告訴人們，物體自上往下落，若是地球自轉，到了晚上，人都應該掉到太空中去了。「常識」又告訴人們，從行駛中的車輛跨出來，再要走回去，車早已馳遠，若是地球公轉，鳥早上飛出巢窩，晚上又怎能飛回？凡此種種，加上 Aristarchus 那時觀測的工具，不足以明辨秋毫到支持他的理論，他的說法不能贏得大衆的接受也難怪了。

「智識障」之外，另一個科學突破要克服的困難是「言語障」。科學原是爲解釋日常的經驗而誕生，但是科學愈進步，其內涵離日常經驗也愈遠。牛頓時代，科學要解釋的，如日月星辰的運轉，如紅黃青紫的顏色，都是可以直接感覺到的。但是，當科學對自然作一次更深一層的探究，所研討的對象就漸漸不再可以直接觀察，而且，即使借助工具間接的觀察，所觀察到的，亦多半不是事物本身，而是事物所產生的效應，這些效應，也不是我們日常經驗所能接觸到的。

任何智識都必須要有溝通的語言。日常的語言是從日常生活的經驗發展出來，科學將經驗的智識觀念化和抽象化。連繫表達這些抽象觀念之間關係最有效的工具是數學，因此數學成爲科學的語言，也成爲非科學家與科學家間溝通的障礙。史諾所謂兩個文化，其間鴻溝之所以產生，數學是一個主要的因素。在發展新的科學智識體系時，往往需要新的數學「語言」，像牛頓發明微積分就是一個例子。他在二十四歲時，因爲試圖描述物體怎樣運行，才開始有了微積分的觀念，二十年後，他著手寫作包涵萬有引力原理的鉅作《數學原理》，就以已發展完成的微積分作基礎。沒有微積分，萬有引力只是一個新觀念，有了微積分，才能建立起完整的力學體系。

還有另一層數學以外的言語障，在二十世紀物理學的發展中，最爲明顯。數學本身只是工具，最後還要歸結成物理觀念，但是因爲研究的對象——例如原子、黑洞——都已不在日常經驗範疇內，它們所產生的效應性質，也就不是日常的語言所能精確描述。像夸子——六十年代發展出來的組成物質的「基本粒子」——被賦予顏色、香味、魅力種種特性，夸子眞有紅藍的顏色嗎？當然沒有，這只是它們特性的一種表徵，和我們日常所謂的顏色是不相關的。把描述物理觀念的語言的意義和日常語言的意義分開，已是現代物理學家的常識。但是在二十、三十年代，卻曾引起很大的困擾。即是今日，不同行，甚至同行而不同代的科學家間，要憑語言來精確的傳達一個觀念，還是極困難的。

智識障是「破」要克服的困難，語言障是「立」要克服的困難，科學的發展一波接著一波，水到然後渠成。每當波浪初現，將蔚成高峰之前，這兩項障礙也特別顯著。在這轉捩的時期，總有一兩位天才，掌握了歷史的鑰匙，承先而啓後。西方文明中，人類對自然認知的歷程，有四個時期可以說是轉捩期。第一個是公元前五六世紀，泰流斯(Thales)是啓蒙的代表人物，開創了希臘文明；第二個時期是公元後三四世紀，基督教教會的得勢，將認知納入宗教的規範，所謂「信仰即可，不必思考」；第三個是公元十六七世紀，起自哥白尼而終結於牛頓，建立起科學與理性的權威；第四個時期就是二十世紀初，愛因斯坦是其代表。

一棒打破，大道如揭

有一位俄國的物理學家，諾貝爾獎的得主Landau，對愛因斯坦特別推崇，他說：二十世紀的科學家，可以用等級來分：第一等科學家的成就是第二等的十倍，第二等的又是第三等的十倍……。Landau自謙是二等半的。他把愛因斯坦列入「零等」，不與餘子並列。Landau 的讚譽，也許有人會認爲過分，但愛氏對二十世紀科學的貢獻居翹楚的地位，應是公認的。

愛因斯坦的科學經歷，也是極具傳奇性，幾乎是羅曼蒂克的。我們今天所了解的科學研究，是如此的複雜，一位科學家要出人頭地，差不多一定要經歷最完整的教育，在最活躍的研究中心浸淫經年，才能在他自己的小小園地，被人認知。愛因斯坦卻不然，他像在荒野濃霧中忽然出現的孤俠，初無師承，亦無來歷，隨便一招兩式，群彥爲之辟易。及至成名，依然孑身獨行，中年以後，對普遍相對論以至統一場論的追求，孤獨執著，飄然於世俗成敗之外，追尋不可能的完美，其風格自許，惟金庸筆下的獨孤求敗，差幾近之。

當然，這也是時代的許可，時到今日，實驗耗資，動輒傾城，交流研究，不可避免，愛因斯坦固然是現代物理的創建者，也是古典物理的最後一位武士。

在科學史上，愛因斯坦常與牛頓並列，這兩位俯視群子的巨人，確有很多相似之處。小時均不甚了了，不但不是神童，還被目爲智力遲鈍。二十四五歲時，在獨孤的環境中，獨力完成使歷史改觀的工作。但是因爲時代的不同，他們兩人對科學貢獻的性質，亦有所差異。

牛頓在科學史上的角色，可以說是「千里來龍，至此結穴」，他創建了古典物理的殿堂。當然，這不全是他一人之功。在他之前，伽理略、刻卜勒等已把一塊塊的巨石琢磨好了。但牛頓綜其大成，所謂「畫宮於堵，盈尺而曲盡其制，計其毫釐而構大廈，無進退焉」，功居魁首，名實俱符。十八世紀的 Lagrange 曾說「牛頓不但是最偉大的，也是最幸運的。」因爲在他之後，科學家們似乎只有在這座大殿堂裡做些雕蟲畫鴉的小技了。

愛因斯坦則是將這座殿堂的幾塊主要基石重新換過，另建立起外貌略似而基礎不同的新殿堂。當然，也是因爲時機成熟，觀察的工具和技術已經發展到顯示出那些基石有了缺陷。但愛因斯坦能超越矗立了三四百年的傳統，斷然揚棄過去奉爲圭臬的幾個基本觀念，所謂「一棒打破，大道如揭」正足爲其寫照。不立不破，不破不立。在創立方面，牛頓獨步千古，既破且立，則愛因斯坦前無古人，這也是時代不同使然吧！

在介紹愛因斯坦的成就、突破前，我們先簡介他的一生。一八七九年愛因斯坦在德國南部出生，父母都是猶太人。他很晚才會說話，話又說得很慢（牛頓和早牛頓兩百年的王陽明也都是如此），從小學到中學功課都還不錯，但也不是特別出色，尤其因爲喜歡胡思亂想，並不得老師的喜愛。愛因斯坦成名後，曾追憶少年時的一則故事；每次上課，他大概總坐在後排，有一天，老師忽然把他叫起來，叫他出去。愛因斯坦覺得很冤枉，站起來辯道：「我安安靜靜的坐著，並沒有犯錯啊！」老師說：「你誠然安安靜靜，但也是恍恍惚惚。我認眞解說時，你望著天花板，我講笑話大家笑時，你卻眼睛蒙了一層霧的瞪著我，你這樣子，使我情緒不甯，教不好書。所以請你出去吧！」

愛因斯坦回憶說，他那時剛剛從書本上讀到，光每秒鐘走三十萬公里，心中便在胡思亂想；假若他能追上光線，飛得和光線一樣快，不知會看見怎樣的世界？是不是整個世界就從眼前消失？

愛因斯坦在高中的最後一年，隨父母赴意大利，後來又回到瑞士來考蘇黎士的技術師範學院，卻沒有考取。只好再回頭去讀補習中學，在一八九六夏畢業，按照規定，不必再考試就升入蘇黎士技術師範學院。

第三級專利審查員

愛因斯坦於一九〇〇年從技術師範學院畢業。畢業的時候，成績還不錯，但是他的教授又是不很喜歡他。這位教授對愛因斯坦說：你還算聰明，但是主觀太強，從來不聽人家說些什麼。因此，和他同時考畢業考試的五個人中，四個通過了，他雖是其中之一，其餘三人都被留在學校做助理，愛因斯坦的申請卻沒有被批准。所以他畢業後，到處找工作，也曾向瑞士的其他兩所大學申請，但因爲教授的推薦信寫得不好，也沒有被接受。

直到次年五月，愛因斯坦才找到一個臨時替代教員的工作，在正式教員度假時代替教課。這段時日中，他仍部份依靠家庭的接濟維生。

一九〇二年六月，愛因斯坦從大學畢業兩年了，才靠一位大學同學父親的幫忙，在蘇黎士市的專利局得到一個試用第三級專利審查員的職位，總算有了一份安定的工作，那位大學同學，後來成為他終身的摯友。一九〇四年九月，愛因斯坦升為正式的第三級專利審查員。這段時期中，他一面做事，一面看書自修，和學術界完全隔絕。他後來說，這種情形反而使他能更深入的思考一些問題，不受當時既有智識格局的限制。因此，對愛因斯坦來說，這一個小小三級專利審查員的工作，未必是不幸。

一九〇四年九月，愛因斯坦升正式職員。次年，也就是一九〇五年，他一口氣發表了六篇論文。其中一篇是他的博士論文，兩篇是關於布朗運動的，兩篇是關於特殊相對論的，一篇是關於光電效應的。這幾篇論文都是劃時代的作品，其中光電效應這篇論文使他日後得到諾貝爾獎。

一九〇六年愛因斯坦昇為第二級專利審查員，一九〇七年夏，愛因斯坦向伯恩大學申請做博士後研究員，因手續未合，未被接受。直到一九〇八年夏，伯恩大學才給他這個職位。此時，愛氏的成就，開始被科學界承認。一九〇九年，他辭去專利審查員的工作，到蘇黎士大學任副教授。從此，正式的踏進學術界。一九一三年，他成爲普魯士國家科學院院士。一九一五年提出普遍相對論；愛因斯坦之所以舉世聞名，也是因爲普遍相對論；光線在古典物理學中一定是循直線進行，但是在普遍相對論中，光線經過萬有引力場時，會有偏折的現象。這種現象，在星光經過太陽附近的萬有引力場時，會顯示出來。平時因爲太陽光太強，看不見星光，無法觀測證明，但日蝕時，月亮將太陽光擋住了，可以看到附近的星星，因此，可以從這些星光的路徑，測量出光線的偏折。一九一九年，英國皇家學會的兩個觀測集團，分別到巴西和南非去觀測當時的一次日全蝕，其結果與愛氏的預測完全符合，這才轟動全球，次日各地報紙紛紛以大標題宣稱：「愛因斯坦改變了世界——光線可以轉彎」，從此，愛氏成爲國際上的名人。

一九二九年起，希特勒在德國一天比一天得勢，並且逐漸開始迫害猶太人，德國的猶太籍科學家紛紛逃離歐洲，愛因斯坦也在一九三二年離德赴美，後來就一直留在美國，一九五二年，以色列的第一任總統 Weizmann 去世，以色列內閣開會，決議請愛因斯坦回國任總統，愛因斯坦接到這項邀請後，大感為難，當然他不想去做總統，但也不願顯得對他熱愛的猶太祖國無禮。愛氏的私人祕書事後說，愛因斯坦平素一向冷靜安詳，接到這封邀請電報後卻變了個人，整個晚上都踱來踱去。最後，當然還是婉轉的拒絕了。事實上，當時煩惱的不僅是愛因斯坦，當時以色列總理Ben Gurion的私人祕書的回憶錄中也透露，以色列內閣一方面邀請愛氏，一方面又很害怕愛因斯坦眞的答應了怎麼辦？愛氏科學家認眞不妥協的性格和政治圈是太格格不入了。

未作完的計算

愛因斯坦在一九五五年四月十八日去世，他最重要的成就「普遍相對論」在一九一六年完成，二〇年代初期，他還做了些重要的科學工作，其後，在人文方面，發表了爲量不多、但見解深刻而且雋永可讀的論文。但是在科學園地中，愛因斯坦最後卅年的時間都在不斷的和他一心想完成的「統一場論」奮鬥，可是終究沒有成功。

愛因斯坦去世前知道不久於人世後，醫師要為他開刀、打點滴，他都拒絕。他說，當他應該離開人世的時候，他就應該走，用人為的方法來延續生命是沒有格調的。他已經做完該做的事，要尊貴的離開，因此堅拒以人為的方法延續生命。在他去世前一天，他還打電話回去，請祕書把留在家中的研究帶來醫院給他繼續算，十二小時以後，他就去世了。病床邊的几桌上，還攤著未作完的計算。

下文我們大致的介紹五項具有代表性的愛因斯坦的科學貢獻：布朗運動、特殊相對論、光電效應、普遍相對論和統一場論。布朗運動是屬於承先的，間接的證明了分子是「眞實」的。特殊相對論和光電效應是啓後的，開創了近代物理的兩大主流。這三項工作都在一九〇五年發表。那時他還是一個與科學界完全隔絕的第三級試用專利審查員。普遍相對論完成於十年之後，是他一生最重要的工作。統一場論則是自一九二五年起他努力了三十年而終無所成的一場奮鬥，那時他已是實至名歸的科學界第一大師了。愛因斯坦一生的成就極多，本文選擇這幾項，是從突破和突破的極限這方面著眼。當然，所叙述的也僅限於觀念方面，只冀能勾畫輪廓，不奢求謹嚴完備。

㈠布朗運動(Brownian Motion)

當我們用顯微鏡觀察液體時，懸浮在液體表面的塵粒有跳動擴散的現象，這現象是十九世紀中葉的一位生物學家布朗首先發現的，所以稱之布朗運動。布朗後來證實這不是一個生命現象，就將此問題交給物理學家，成爲一個物理學上的問題。愛因斯坦解釋布朗運動的產生是由於懸浮的塵粒受了液體中分子的撞擊，而且從塵粒跳動擴散的快慢算出每一個分子量中分子的數目——即所謂 Avogadero's Number N。愛氏的計算把看得見的宏觀的擴散現象和看不見的微觀的分子運動連繫起來，所使用的一些統計力學的方法，開後世之先河，但更重要的是確定了分子的眞實性——The reality of molecules。

從希臘時代開始，就有一派原子論的哲學家，如 Demooritus 等，認爲宇宙萬物皆由不可分的微小粒子（他們稱之爲原子）所組成。但這只是哲學家的玄想，因爲在那時候，不可能尋出證據來證實原子的存在，而且，原子論的哲學家們也沒有試圖用原子來解釋實際的物理現象。牛頓建立了他的力學體系後，氣體和流體中的一些現象，可以用它們是由微小的粒子組成的假設來解釋。例如人接觸水時有冷熱的感覺，這種感覺是因水中的分子（即那些微小粒子）打擊在人的皮膚上所產生，水的分子運動得快些，打擊得重些，就會感覺熱。反之，則會感覺冷。分子的假設，配合了牛頓力學，描繪出一個清晰合理的物理圖像。但是，這個假設要成爲眞實，還需要另有獨立的物理效應——愈多愈好——來證實。

分子的眞實性

所謂物理效應，在十八九世紀，大致局限於對假設本體的直接感覺。牛頓力學在各方面應用的成功，在智識界造成一種狹隘的、和機械觀哲學密切關聯的科學態度；即「眞實只能從感覺得來」。所謂眼見爲信，能由人的五官，直接或經由工具的幫助觀察得到的，才是眞實。

直接的觀察到分子是二十世紀中葉以後的事，但是在十九世紀末，科學家探索的範圍，已經發展到五官感覺所不能及的園地，因此，對所謂眞實，也漸採取一種較開放的態度：只要假設本體所產生的物理效應，能從理論上計算，也能從實驗上測量，兩者都能得出數量的結果，而且互相吻合，則這假設就成爲眞實。當然，這樣得來的眞實，也只是相對的，吻合的效應愈多，眞實性愈強；反之，只要有一樁明確的反證，就足以動搖整個假設的基礎。

十九世紀末，分子和以太是古典物理理論中最重要的兩個假設。分子解釋物質的構成，以太解釋光線的傳播，大部份物理學家對這兩個假設都抱著將信將疑的態度；理論上似乎必須，但實驗上尚無證據。一九○五年四月，愛因斯坦完成了他的博士論文，計算了分子的大小。一九○五年五月，愛因斯坦發表了第一篇有關布朗運動的論文，同年十二月，他發表了第二篇有關布朗運動的論文，前前後後把 Avogadero's Number N 用不同的方法計算了四次，都得出同樣的結果：$N \cong 6 \times 10^{23}$。也就是說，經由對看得見的塵粒在液體中躍動擴散的觀察，可以確定的計算出看不見的分子的數目。此後數年，愛因斯坦和其他科學家，又從許多不同的現象，如原子的放射率、電流強度與電壓的關係等計算N，其結果都是一樣。從此確立了分子的眞實性。

就在一九○五這同一年的六月，愛因斯坦另一篇後來稱之爲特殊相對論的論文，卻從理論上否定了以太的存在。

(二)特殊相對論

特殊相對論的基礎建立在兩條原則上，其一是：在不同的（以等速度作相對運動的）座標系統中，物理定律是一樣的。其二是：光在眞空中的速度永遠不變。第一條原則，很符合我們直覺的常識，世間萬物，很多都在相對的運動，飛機以高速相對於地面飛行，地面又以每秒三十公里（相當於機速百倍）的速度繞著太陽轉。但我們坐在飛機裡，只要它飛行平穩，就不會覺得和地面上有什麼異樣，若在其中做個實驗，其結果與地面也並無不同。

但是光在眞空中的速度，不管光源怎樣運動，都不改變，卻是非常違反古典物理的常識的。古典物理的常識告訴我們，速度可以相加。譬如在前馳的火車中向前擲一棒球，在地面上看來，棒球的速度等於火車的速度加投手在火車中投出的速度。因此，比投手在地面上能投出的速度要快得多。這種情形，日常經驗處處可見，譬如運動員投標槍，總是向前衝去投出，因爲出手時的速度，加上人向前衝的速度，標槍才能擲得最遠；站著投無論如何沒有跑著投投得遠。這種情形有很簡單的理論根據。

速度是每秒鐘走的距離，假若投手投出棒球的速度是每秒二十公尺，火車馳行的速度是每秒四十公尺，火車內的投手向前投出棒球，在一秒鐘內飛到離投手二十公尺的地方，在地面上看來，這同一秒內，火車已向前馳了四十公尺，因此，在火車內不動的投手，從地面上看已向前移了四十公尺，而棒球離原來投出的地點，已向前移了二十加四十等於六十公尺。

此即簡單的速度相加原理。根據這個原理，在火車上發出訊號燈光，在地面上看來，應和地面上固定的光源發出光線的速度有異，若火車迎面而來，其速度應是光線在火車中的速度加上火車的速度。若火車背馳而去，它的速度，應是光在火車中的速度減去火車的速度。總之，兩者之間應有差別；火車的速度愈快，其差別也愈大。光的速度每秒鐘達卅萬公里，一般火車的速度太小了，這種差別會被其他誤差遮沒，無法精確的量出。但是在自然界，有一輛永遠在太空中飛馳的火車，便是地球自己。它自轉的速度達每小時一千六百餘公里，至於公轉的速度更較自轉快六十餘倍。利用此事實，十九世紀末的科學家，證明在任何情況下，不管光線、觀察者，和傳播光的介質之間有何運動的關係，光的速度都不改變。

時間的相對性

這就好像說站著、衝，或者向後退擲出的標槍，其速度都一樣，都會飛得一樣遠（當然，這標槍是光線。）如何去解釋此事實，令物理學家大感困惑。前述速度相加原理的推演，其邏輯太簡單無懈可擊了，爲什麼運用到光線的旅行時就不適用呢？許多物理學家作了許多努力，但都沒有能夠尋到答案。

愛氏獨具慧眼，上文我們說當棒球在火車內的一秒鐘飛了二十公尺，在地面上看，「同」一秒鐘內火車已向前行駛了四十公尺。我們很自然的假設，同樣一個過程，在火車上測量經過一秒鐘的話，在地面上測量也應經過一秒鐘。時間的流逝，是客觀的、絕對的，不受觀察者本身條件的影響。這種絕對時間的觀念，本是直覺的常識，牛頓沿用之爲其力學的基礎，迄十九世紀末，從未受人懷疑，但亦未眞正的驗證過。爲了解決光速不變這個實驗事實引起的困惑，愛因斯坦揚棄了絕對時間的觀念。他認爲，在不同的觀察者看來，時間流逝的快慢並不相同。其不同的程度，由其相對的速度決定，此即時間的相對性。

因此，當棒球在火車內以火車內的一秒鐘飛了火車內的二十公尺時，在火車外的觀察者看來，這同一過程所耗的時間並不只一秒鐘。這樣，上述簡單的速度相加的原理，當然不再完全正確，相對時間觀念的引進，是對古典物理的一大突破。愛氏從這點出發，結合光速不變和物理定律不變兩條原則，建立起特殊相對論，導出新的較複雜的速度相加的公式，也導出像 $E = mc^2$ 之類可以致用的結果。

在這裡要特別一提的，所謂相對的觀念，是指客觀物理條件不同下，所產生的相對，而不是主觀意識心態不同時，所產生的相對。有一則流傳甚廣的故事：在一次酒會中，一位美麗的女士問愛因斯坦：什麼是相對論？愛因斯坦笑指著屋角的壁爐說：「像我在這兒和您談天，十分鐘便像一分鐘，若是孤單單的在那邊坐著，一分鐘便像十分鐘，這就是相對論了。」

這則故事的眞實性如何，不得而知，也許愛因斯坦只是敷衍那位女士。但此故事所喻指的相對性，卻是由主觀意識產生的。假若換了一位天眞未鑿的小孩，也許他寧可看爐火的熊熊；勝似美女不休的喋喋。那麼，對這小孩而言，火爐邊的十分鐘就比女士面前的一分鐘還短了。這種心理上的相對性，既不可預測，也因人而不一致。在特殊相對論中，時間流逝的快慢，卻完全由觀察者所處的物理條件——即他運行的速度——決定，與觀察個人的心態意識無關。所以，相對論只是把時間（還有空間）的性質從客觀的絕對變做客觀的相對，卻並沒有改變科學本身的客觀性。

還有一點值得一提，我們常聽說愛因斯坦推翻了牛頓的理論，嚴格的說，這話是不正確的。

人類對自然的認知，是一個不斷發展的智識系統。任何理論都只能描述一定範圍內的自然。牛頓的力學是一個自我一貫的理論體系，從理論體系的立場來看，它是完整的。在日常經驗的範圍內，它所推演出來的結果，和事實也十分吻合。因此，它也是一個很好的物理理論。但是，超出了日常經驗的範圍；如原子內的變化，如接近光速的速度，如比地心引力強上億倍的萬有引力，在這些十七八世紀的科學家經歷不到的極端情形下，牛頓力學推演的結果就與實證不合。因此，二十世紀的科學家發展出來量子力學、特殊相對論和普遍相對論。這些理論，和牛頓的力學一樣，也都是自我一貫的理論體系，它們所推演出來的結果，在上述的極端情形，較牛頓的力學要更吻合實證。所以，在這種極端情形下，它們是更有效的物理理論。但這並不表示牛頓的理論體系被推翻了，事實上，在日常經驗的範圍內，像相對論這樣較高層次的理論，必然會簡化相同於牛頓的力學。因爲，在那個範圍內，牛頓力學符合實驗的結果，相對論也要符合這同樣的實驗結果。科學探索的範圍，一天比一天擴張，新的科學理論的涵蓋面，也一天比一天更廣。這種過程，循環反覆，永無止境。相對論和量子論涵蓋了牛頓力學，有一天，它們自己也會爲更高層次的物理理論所涵蓋。

㈢光電效應和光量子觀念的引力

光電效應是十九世紀中葉發現的，就是當光線射在平滑的金屬面上時，會激出電子而產生電流。到了二十世紀初，實驗顯示光電效應中的一些現象，像電子能量的大小只和光的頻率有關，卻和光的強度無關等，不能用古典的光波動學說來解釋。

愛因斯坦作了一個突破性的假設，他假設光是由個別的顆粒組成，每顆顆粒（他稱之爲光量子，後來叫光子）含有和其頻率成正比的能量，以光速飛舞前進，愛氏根據這個假設，導出一個公式，完全的解釋了光電現象。

所有愛因斯坦的科學論文中，用光量子解釋光電現象的這一節，在演算推理方面，是最簡單的。而且，所導出的結果，也與實驗完全相符。但是愛氏這篇光電效應的論文，在早期卻是最不容易爲人接受的。當Plank等物理大師在一九一三年推薦愛因斯坦作普魯士國家科學院院士時，說了他許多好話，但是最後卻有這麼一句：「……他當然有時也會作錯誤的猜測，例如光量子的假設……」。

光線的雙重性

愛因斯坦自己也認爲光量子的引入是他生平最具革命性的一個作爲。在一個不懂物理的人看來，光由一群飛舞前進的顆粒組成，似乎很容易接受，事實上，在十七世紀時，大多數科學家，包括牛頓在內，也都認爲光是由顆粒組成的，但十八世紀以後，實驗的方法進步，像繞射干涉等現象，陸續發現，無法用光是飛舞前進的顆粒來解釋。經過Thomas Young等實驗物理學家的努力，光乃被確定爲波動。就好像水波，水的波動以水爲媒介，沿著水平的方向傳播，但水的分子卻只是上下的移動，並不前進。光波亦如此，只是用無所不在的所謂「以太」代替水作爲媒介。十九世紀中葉，Maxwell發展完成他的電磁理論，更非常完美的解釋了光波的產生和傳播。光是波動乃成爲物理學家接受的常識，愛因斯坦的假設，無異否定了此常識。而且，他的光量子說也仍無法解釋繞射折射等老現象。

愛因斯坦乃更進一步，乾脆假設光量子在某些情形下具有顆粒的性質，在某些情形下又具有波動的性質。

此即是光的雙重性(Duality)，在古典物理中，這是近乎離經叛道的。前文說過，一致性和預測性是科學智識的特性。十八世紀以後，牛頓力學在各方面應用的成功，形成一種機械觀的科學哲學，將一致性和預測性向前更推進一步，變成單一性(uniqueness)和決定性(deterministic)，前者是說，事物的本質是一元的，不會產生雙重的性質。後者是指物理世界中嚴格的因果關係：在任何時刻，一個物理系統的情況是可以完全被確定的（至少理論上如此），而且此後任何時刻的情況，也可以完全由那一時刻的情況經由物理定律推知，愛因斯坦賦與光雙重性格，破壞了光的單一性，無怪乎像 Plank 這樣量子物理的開山祖師也期期以爲不可了。

光量子的眞實性，後來當然完全的證實了，更有甚者，二十年代中葉以後，Heisenberg 等後起之秀將量子論向前更推進一步，把決定性的因果律也修正了：在某一時刻，我們並不能完全確定一個物理系統的情況，而且，此一系統以後的情況，也只能或然的推測，不能必然的決定。

機械觀的哲學基礎，受了此決定性的兩擊，徹底改觀。但是，愛因斯坦這位突破的先驅，在大家還懵懂的時候，已披荆斬棘的開拓出新徑，當這條新徑漸成大道，衆人爭著馳驅其上時，他卻又踟躕不前，要另尋一條更康莊的大道了。這條夢想中的大道就是統一場論。

㈣統一場論和普遍相對論

凡是用一個單一的（場）理論來解釋不同的現象的，都可以稱之謂統一場論。準此，牛頓的萬有引力理論，Maxwell 的電磁理論，以及其他一些稍次一點的物理理論，都可算是統一場論。愛因斯坦所尋求的統一場論是一個可以統一解釋萬有引力和電磁力——二十世紀初期科學家僅知的兩種力量——的理論，愛氏在完成了普遍相對論後，力學的園地已經整理清楚，更進一步，建立一個能把當時僅知的自然界的兩種力量容納進去的完整系統，是很自然的次一目標。

上帝是不擲骰子的

但是愛氏之追尋統一場論，還有另外一層動機；就是他對量子學說的不滿。前文說過，量子學說賦予事物（包括物質和光線）雙重性質，愛因斯坦自己是此舉的始作俑者。其後，又有所謂不確定原理，破壞了嚴格的因果律。對於這兩點，愛因斯坦始終不能完全接受。尤其後者，他不只一次的說：「上帝是不擲骰子的」。

「上帝是不擲骰子的」這句話代表愛氏對構成古典物理骨幹的因果律的信念。當然，日常生活中許多現象都包含機會的因素。但這些機會因素的產生，是因爲我們對當時的情況，掌握的資料不足，因之對後來的演變，只能預測其機率，而無法確定。但是在古典物理學中，至少在理論上，任何物理體系的情況可以完全確定，而其後的演變，可以用嚴謹的因果關係來確定。愛因斯坦心目中的上帝，是非人格化的造化，代表大自然的規律。所以，從「上帝是不擲骰子的」這句話，我們可以看出愛氏對自然規律必然性的一種信念，也可以看出愛氏對在科學上追求創新的基本態度：他可以毫不猶豫的接受新的觀念，從新的觀念出發，建立新的體系。但是他卻非常執著於科學的傳統法則，不肯輕易放棄。

所以，愛因斯坦一直認爲量子學說是一個成功但不完全的學說，他尋求的統一場論，應該包涵量子學說，同時又絕對服從古典物理中嚴格的因果律。

愛因斯坦開始構思統一場論時，已四十歲了，一般來說，已過了創造的巔峰時期。而他探索新猷的態度，也和年輕時有了改變。

促使科學突破的動機有二：追求完美和吻合實證。十五六世紀之前，實驗和觀測的技術還沒有開始發展，所能觀察到的自然只是浮面的，因之，完美便成爲建立理論架構的主導力量，完美是主觀的。因此，像畢達哥拉斯學派重視數字，柏拉圖學派重視理念；但他們都把這些抽象觀念的完美化作爲其建立理論的規範。至於與物質世界觀察表象的配合只是次要，這種心態一直延續到十六世紀，甚至哥白尼、刻卜勒等近代科學啓蒙大師都不能例外。但從牛頓以後，情勢一變，科學變成實驗的科學，實證不但是鑑別舊理論的權威，抑且成爲引發新理論的指標。

愛因斯坦早期的工作，包括一九○五年劃時代的三篇著作，其本身是非常完美的，但其出發點仍是在解決實驗上引起的困難。但是在構思普遍相對論時，因爲客觀條件的限制，他採取了另外的一條途徑。

追尋普遍相對論的動機，是因爲特殊相對論還只是特殊的。前文提到，特殊相對論建立在兩條原則上，第一條就是在不同的（以等速作相對運動）座標系統中，物理定律仍是不變的。愛因斯坦通過時空相對的觀念，將這條原則和光速不變的另一條原則結合起來，導出一套自我一貫的體系，可以解釋許多當時認爲不能解釋的實驗現象。但是我們要注意括弧中以「等速作相對運動」的七個字，特殊相對論只能應用到以等速作相對運動的座標系統間，卻不能用到非等速作相對運動的座標系統的。

舉一個通俗的例子，當飛機在空中正常飛行時，乘客不會感覺到與在地面有何不同，湯不會灑出來，胃也不會作嘔。但在飛機起飛降落時，乘客就會明顯感覺到與平常的不同，所以才會有人暈機。爲什麼呢？因爲前者的情形是等速運動，把機窗關了，就不會感覺飛機在飛；動者恆動，靜者恆靜，物理定律並不改變。後者的情形是在作加速運動，即使機窗關緊，靜者不靜，動者亂動，與地面的物理定律頗有不同，乘客也因而會感覺不同。

所以特殊相對論還只是特殊的。特殊相對論完成後，愛氏就開始籌思一個更完全的理論體系，使物理定律不變成爲一個通則，能應用到所有的，包括作加速運動的座標系統去。

愛氏窮八年之力，不知經過多少次挫折，終於在一九一五年十一月二十五日完完全全的得到了他希望要得到的、後來稱之爲普遍相對論的理論體系。

普遍相對論的數學結構艱深典奧，但其物理上的發軔點卻十分簡單，即所謂「相當原則」：「萬有引力產生的效果與加速度產生的效果完全相當」，也就是說萬有引力只是相對的存在。愛因斯坦在一九○七年第一次悟出這個道理。他後來追憶當時的情形，有一段生動的描寫：

我正坐在伯恩專利審查局的椅子上，忽然間一個念頭一閃的出現：假若一個人自由的落下，他將不會感覺到自己的重量。這念頭使我大吃一驚，因爲這表示當一個人從屋頂落下時，他不會感覺到萬有引力的存在。即使他丟出一些東西，這些東西——不管是什麼東西——都將隨他一起落下，對他而言，這些東西是靜止的，因此，他也有權利認爲自己是靜止的。

爲什麼有權利認爲自己是靜止的呢？因爲他加速的下落，其效果相當於一個向上的萬有引力，而這個向上的引力剛好抵消了原有的地心引力，所以他成爲自由的落體。

推而廣之，此相當的原理也可應用到不是自由落體的情形。飛機忽然下降，相當於加了個往上的萬有引力，抵消了一部份地心引力，因此人會感覺身輕。飛機忽然上昇，相當於加了個向下的萬有引力，人會感覺變重。加速忽大忽小，就等於引力忽重忽輕。飛機忽昇忽降，就等於引力忽上忽下。既然加速度產生的效果相當於萬有引力的效果，任何一個加速運行的座標系統，就相當於一個靜止的座標系統中加了一個適度的萬有引力。因此，特殊相對論的原則，包括物理定律不變在內，也可以應用到加速的座標系統中去。

幻想怎樣追逐光線，就發明了特殊相對論；幻想怎樣從屋頂落下，就發明了普遍相對論。自然原是單純的，愈是基本的突破，愈從單純的經驗引發。但是，在這引發的「靈感」到來之前，不知要興起又放棄多少個別的靈感；在這引發的靈感到來之後，又不知要經過多少奮鬥，才能底定於成。「衆裡尋他千百度，驀然回首，那人卻在燈火闌珊處」，到那人既出，朗朗如畫，自然似乎得來容易，但在闌珊燈火中千衆萬衆裡尋他，豈只要非凡的眼力，更須要非凡的耐力。

在尋求普遍相對論的漫長年月中，卻是連闌珊燈火也無。愛因斯坦面臨一個和過去完全不同的工作情況：就是幾乎沒有實驗的結果來引導他。普遍相對論是一個關於萬有引力的理論。當時所有與萬有引力有關的實驗結果，幾乎完全與牛頓理論計算出來的符合。愛氏勉強找出了一個水星繞日公轉時進動有誤差的例子，但這只能算個孤證。而且，誤差如此之微小，很可以用別的原因來解釋它。愛因斯坦如在漆黑的大海中航行，沒有任何星光（實證）的指引，靠的只是他對完美的直覺要求。甚至在普遍相對論完成後，一九一九年日蝕時星光偏差的測量支持了普遍相對論的預測，也只能算是第二個孤證。普遍相對論之廣爲科學界接納，主要還是因爲它邏輯的謹嚴和結構的完美。直到一九六〇年後，太空時代開始，才逐漸產生許多可以測驗普遍相對論的實驗。這些實驗的結果，一個比一個更肯定普遍相對論的正確，但那時愛因斯坦早已過世了。

千山獨行，無人相送

在一九六五年紀念相對論發表五十週年的一個集會上，本身也是物理大師的Dirac說：「二十世紀的許多物理發明，包括愛因斯坦的其他貢獻在內，發明者本人若在當時沒有發明的話，幾個月，最多幾年之內，別人也會發明。唯有普遍相對論，若不是愛因斯坦五十年前創造了它，到今天我們還不會有普遍相對論。」這段話是一個科學家幾乎不可能得到的讚美，也是愛氏之所以矗立衆人之上的原因。

普遍相對論的成功，促使愛因斯坦追尋更高一層次的統一場論，普遍相對論的成功，也使得愛因斯坦逐漸用理論的完美代替實驗的暗示作爲指引創新的方向。愛氏一生的工作，大部份都是他獨力完成，很少與人合作。當他決定尋求統一場論時，量子學說剛剛開花，正要結果，年輕一輩的科學家紛紛投入，爭著擷取這株前人千辛萬苦栽培出來的花樹上纍纍的果實。統一場論明擺著是一條極難走的路，而且前程莫測，所以愛氏最後卅年的努力，全是他一個人的掙扎。千山獨行，無人相送。

他在這條道路上，一次次的嘗試，一次次的失敗，直到在病榻上最後的一天。這一段時候，他早已是名滿天下的大師，雖無人相送，但在高山巔峰踽踽獨行，還是衆目所視。報紙常報導他的一言一行，每每誇張其詞，愛氏雖超然物外，有時還是不勝其擾。有一次，《紐約時報》誤報他已解決了統一場論，愛氏否認後，記者還要來追問：何時才可眞正解決此問題，愛因斯坦回答：「你過二十年再來問吧！」他講此話時已七十歲，二十年應該是不再被騷擾的保險歲月吧。

有人認爲愛因斯坦晚年的態度，堅不相信量子學說，又固執於統一場論，是英雄老去必然面臨的悲劇，時間的腳步跨過了他。是耶非耶？

或者我們可以從Pais、一位曾和愛因斯坦在普林斯頓同事的物理學家的一段話中尋求解答。Pais說：

愛因斯坦是我所知道的最自由的人，最不妥協的人，和最有自信的人。

愛氏是最自由的人，因爲從來沒有教條可以桎梏住他，他從不刻意反抗權威，只是從權威旁邊輕輕的走過。

愛氏是最不妥協的人，因爲對任何問題，他自然會看過表面，從根本想起，而且，不到徹底解決，絕不停止。

愛氏是最有自信的人，舉一個故事爲例：一九一九年日蝕觀測的結果證實了普遍相對論，當學生把觀測結果的電報送給愛因斯坦時，問他：「如果觀測的結果和你理論的結果不符，你會怎樣感覺？」愛因斯坦回答道：「那我不得不可憐上帝，因爲這個理論當然是對的！」

自由、自信和不妥協是一位突破性的科學家所必需的個性，愛因斯坦將之推至極限，但這極限畢竟也是有限度的。世間萬事，即使在明亮的科學世界中，原也只能求局部的解決。我讀愛因斯坦的傳記，到他最後的一段旅程，每每想起希臘神話中的一則故事；天神宙斯懲罰一位得罪了他的巨人，令他推巨石上山。當巨人快將石頭推上山頂時，卻又讓石頭滾下山來。如此一次又一次的重複，巨人還始終努力不懈的去推。因爲，只要繼續在推，他就會感覺仍是自己的主人。

眞實的人生或與此稍有不同，是一座又一座的山。推上了一座山，總會發覺後面還有一座更高的山。大多數人也許連一座山都推不上去，愛因斯坦輕易的推過了好幾座高山，卻是命定的仍要繼續推下去。統一場論是最後一座高山，當他躺在病榻上，明知死亡即將來臨，明知這最後的一座山，已是攀登無望，卻還要他的秘書將算稿拿來作最後的計算，始終不渝；這是他的使命，也是他的命運。

佛印與蘇東坡詩，有云「廬山煙雨浙江潮，未到千般恨不消，及至到來無一物，廬山煙雨浙江潮」，與上述希臘神話對照，意義相似，但卻透著東方達觀的哲學，或可改它一句，用以形容愛氏的生平：

廬山煙雨浙江潮，未到千般恨不消，

及至到來無一物，回首再尋浙江潮。

（寫于一九八六年賀香港《明報》月刊二十週年）

尋找靜止的標準

南宋詩人楊萬里寫過一首可愛的小詩：

前山欺我船兀兀，結約江妃行小譎；
乘我船搖忽遠逃，見我船定還孤出。
老夫敢與山爭強，受侮不可更禁當，
醉立船頭看到夕，不知山于何許藏？

這首詩描述一個微醺的老者，在搖幌的渡船上，看遠山起伏時所產生的反應。把老者倔強自是的心理，生動的描繪出來，以自己做中心，相信自己直覺的觀察，因此，

「看見」前山起伏，前山就是眞在起伏，而且還結合了江妃在捉弄人，因此，非得和它較量一下不可。

類似的經驗，在日常生活中，也常遇見；譬如坐在平穩行駛的火車裡，小寐初醒，見窗外群山飛馳，第一個反應，也常是：「山跑得好快！」

當然，這些反應，只是微醺或初醒時才有，神智一清醒，「常識」就會告訴我們：是船在搖，是車在行，不是山在動。

但是，這常識之形成，是因爲在我們——觀察者——日常的生活環境中，相對於其他物體，絕大部份時間山都靜止不動。假如有人，生來就住在火車車廂裡，未曾離開過火車，他沒有山必然是靜止的先入觀念，火車馳動時，自然就會認爲是窗外萬物在倒退。此時若忽然有地上的人，進車去和車裡的人解釋：原是火車在前進，不是地在倒退。車裡的人一定很難接受，爭辯起來，車外的人，有沒有辦法證明車裡的人是錯誤的呢？更具體一點說，世間究竟有無絕對的標準，能客觀的判定何者是靜止，何者在運動呢？

千餘年來，科學家一直在尋找這樣一個絕對客觀的靜止標準（物理術語稱之爲絕對坐標系統——absolute frame of reference）。這個問題，本身是純科學的，但是因為它與絕對眞理、絕對道德、絕對權威這些哲學、倫理、政治方面的基本問題，有可類比之處，因此，特別引起思考之士的興趣。

觀察的世界在隨時間改變

從希臘時代開始，星象學家就發現夜空中諸星都在有規則的運行，因此，很早就有地動和地靜兩種說法。地靜說認爲地球是宇宙靜止的中心；地動說則認爲太陽才是靜止的中心，而地球圍繞著它旋轉。

今天看起來，當然後說較接近事實，但在那個時代，觀測的技術還沒有精細到足以辨別何者爲是的地步，而「常識」告訴人們，萬物都很自然的要往下掉落，假若地球轉動的話，白天好好坐立行走的人，到了半夜，地球轉到另一面，就會掉到天空中去，想像起來，非常可怕。因此，從開始起，地動說就一直未能爲大衆接受。公元四世紀後，基督教成爲羅馬國教，聖經中耶和華曾間接的暗示太陽是在繞地球轉，從此，除地靜說外，其他都是異端邪說，連想都不應該去想了。

直到十五世紀，文藝復興，從信仰的時代進入理性的時代，科學的時代接踵而至，絕對靜止標準的尋求，才又活躍起來。但是，尋求的方式和以前頗有不同。因爲，科學研究所依據的是觀察得到的實證。十五六世紀以前，人直接用自己的五官觀察，十五六世紀以後，漸漸借用工具儀器。工具一天比一天進步，所觀察到的世界也一天和一天不同。譬如同樣是眼前這張紙，用眼去看用手去摸，都實實在在，但是用顯微鏡（發明於十七世紀初葉）去看，就脈絡分明，用電子顯微鏡（發明於二十世紀初葉）去看，便成一顆顆疏疏落落排列有序的原子。所以同樣是一張紙，十七世紀以前的科學家和十七世紀的科學家「見到」的就不一樣，而十七世紀的科學家和二十世紀的科學家「見到」的又不一樣。紙沒有變，人的理性沒有變，是觀察的工具、觀察的方法變了。

以太成爲靜止的標準

就尋求絕對靜止的標準而言，望遠鏡是改變人們原來觀念的第一個工具。因爲望遠鏡的發明，科學家可以用與以前完全不同的精密度去觀測行星運行的軌跡，以太陽為靜止中心的哥白尼體系乃得逐步取代中古時代以地球為中心的地靜體系。

但是，後來，也正因為望遠鏡的進步，科學家們漸漸發現，在宇宙間，像太陽這樣的星球，有幾千億億顆。地球固然繞著太陽轉（速度每秒三十公里，約為噴氣機速度的一百倍），太陽也繞著銀河系中心轉（速度每秒二百餘公里），銀河系又繞著處女星系團轉（速度每秒五百餘公里）……。正是小圈圈繞大圈圈，大圈繞更大圈圈，因此，到十九世紀，又沒有人再認為太陽是宇宙的絕對靜止中心了。

就在這個時候，以太——一種似有似無、無所不在卻又無所可在的物質，開始取太陽而代之，成為絕對靜止的標準。

以太原是那時的科學家用來解釋光的傳播的。十八、十九世紀時，許多實驗都顯示光具有波動的特性，但是波必需借重物質做媒介，才能傳播。光既然無遠弗屆，它的媒介也應該無處不在。選擇它做客觀靜止的標準，當然最自然不過。

但是，除了擔任傳播光波的媒介，以太似乎不具有任何物質的特性，無色無質，甚至也不具有一般傳播媒介的特色。例如：軍艦在大海中航行，迎面而來的魚雷，接近它的速度，當然比尾追而來的魚雷接近它的速度快。地球在以太中運行，光「順流」而來時，它的速度也應該比「逆流」而來時快。但是，十九世紀末葉的一些實驗（註1），徹底的否定了這個推論；光從任何方向來，它的速度都是一樣。

許多第一流的大科學家，絞盡腦汁的尋找解釋，但都不能完全成功，不願或不能超越「常識」也是所以失敗的重要原因之一。直到一九〇五年，愛因斯坦提出他的特殊相對論，揚棄以太，平等的看待時空，才從根本上解決了光傳播的問題。

特殊相對論的基本假設之一，便是絕對坐標的不存在。簡單的說：運動都是相對的，因此，對於一個關閉在火車裡的人，無法「證明」火車是在運行。因此，假若楊老詩人一定要說前山在孤出遠逃的搖幌，也不能說他是絕對的錯了。（註2）

充塞蒼穹的背景微波

這樣的過了六十年，科學家已經淡忘尋求客觀靜止標準的努力，忽然，完全意外的，兩個默默無聞的美國年輕人發現了「背景微波幅射」（註3），所謂微波幅射，原是宇宙誕生時劫火的餘燼。混沌初開時，天地間充滿了溫度極高的各色各樣互相相撞的粒子，當然也包括光子。後來宇宙不斷膨脹，萬物逐漸冷卻，這些當初熾熱的光子變成很「冷」，成爲溫度只有2.8°k的微波，充塞蒼穹，無處不在，其數目較所有物質粒子的數目還要高上一億倍。

現在我們已經知道，光雖然是波，但也具有粒子的性格，在太空中傳播，無需媒介，也可以說它就是它自己的媒介。從某種意義上看，這些無所不在的微波，也可以算是新的以太，近幾年的探測，顯示地球和它之間的相對速度，約是每秒鐘三百公里。

嚴格的說，代表背景微波的坐標系統，不能算是絕對靜止的標準，相對論沒有錯，絕對坐標系統並不存在。但是這些微波光子的運動，代表宇宙初生時萬物運動的平均。因此，若把代表它的坐標系統作爲客觀的靜止標準，應該是很合適的。數千年翻覆爭辯不已的老問題，似乎終於找到了最後的答案。

科學史上，像這樣的例子很多，一百多年前，科學界爭辯得最熱烈、最吸引大衆注意的問題，是生命能不能從無生物中產生。經過巴斯德的著名實驗，一致的結論是「不能」。但是，這一二十年來，好些實驗卻又都顯示在特定（類似地球早期）的情況下，是可以的。中世紀時盛行鍊金術，到了十八、十九世紀，化學家們「證明」元素不能轉換，鍊金一詞成爲荒謬可笑的代語，但是二十世紀的核子物理告訴我們，元素可以轉換，轉換可以自然的發生，也可以人爲的導致。事實上，金就是在星球內部的大洪爐裡，從氫元素一步步的「鍊」出來的。

科學是在追求相對的眞理

也許有人要問，科學不是追求眞理的嗎？眞理是不變的，那科學是在追求什麼樣的眞理呢？

科學試圖認識自然，從而役使它。但其認識必是相對的，只能逐步接近，而永無完全絕對認識的一日。像前文提到對紙的了解即是一例；今日了解的紙和百年之前不同，百年之後，有了更新的理論，更新的儀器，那時所了解的紙當然又與今日的不一樣了。

所以，在科學的世界裡，所有的定律都有其一定的範疇，在此範疇內正確的，出了這範疇就不一定正確。範疇慢慢擴大，定律也必須慢慢修正。科學的世界是一個演進的世界，它有它演進的紀律，可以借用「守綱知變」這句話來說明；在一定的時代，有其一定的綱，一切闡釋、一切運作，皆應尊重遵守這個綱的規範。但是在思考上，這個綱只是一個指導，而不應是一個拘束。當發現了新的現象，有了新的實證，而這些現象和實證，舊的綱確實不能處理時，就必須修改舊的綱。修改之不足，則重起爐灶。但即使重起爐灶，新的學說應用到舊的範疇內時，也必須與舊的學說殊途而同歸。因爲，大家原都以一樣的實證作最後判斷的權威。

所以，自然科學中的理論、定律，雖永不能垂諸萬世而皆準，但也從不會完全廢棄無用；它只是成爲攀登知識高峰的無窮盡階梯中的一階。像巴斯德的實驗，有沒有錯呢？當然沒有，今天我們重新來做這樣一個實驗，一定也得出同樣的結果。但是巴斯德在寫它的結論時，或者應該先加上幾個字：「在今天我們所能做到的條件下」然後再如何如何。其實，這幾個字可以應用到所有科學的理論和實驗結果上去。

尊重事實和容忍懷疑

科學發展過程中，最不容易的一步，便是跳出舊的綱，也就是能用知識而不爲知識所囿。像古人不知萬有引力，但見萬物皆自然的下落，久而久之，它成爲固定在腦中揮之不去的常識，因此，要想像地球轉動當然萬分困難。時至今日，尖端科學所探索的都是已超越日常經驗的現象。所以，科學家也習慣了不符合「日常常識」的想法（例如電子和光波都可以既是波動又是粒子），但是又因爲日夕浸沉在所謂「科學常識」之中，仍難免爲科學常識所拘縛。事實上，科學上絕大部份的突破，都是爲現實（不能解釋的實驗結果等）逼迫而成。眞正的先知先覺，能從理論上自然的導出涵蓋面更廣應用更普遍的新體系的，絕無僅有，像愛因斯坦之所以數十年來受物理學家摩頂禮拜，主要就因爲他的廣義相對論，眞正是千山我獨行，走在時代前面至少五十年。

所以，以實證作爲最後權威的科學，在某種意義上來說，比用教條聖言作爲最後權威，要增加很多痲煩，它必需容忍懷疑而不能一元不變。但是也正因爲如此，它才能幫助人認識自然，役使自然，它才會永遠「有用」，永遠地被大衆接受和信任。

（寫于一九八四年）

註釋：

①最有名的是一八八七年邁可遜和莫萊兩人的實驗。許多學者把這一年作為近代物理的起點。

②嚴格的說，這個結論還只能應用在等速運動上，一九一六年發表的廣義相對論才包括了加速運動。

③這兩位年輕人後來都因此得了諾貝爾獎，其中的一位羅勃威爾遜曾於一九八三年十月到台灣訪問。背景微波產生於宇宙初生時，九〇年代後用太空船量測，帶給我們很多早期宇宙的訊息。

哲人其萎

——悼吳大猷先生

吳先生一生從事教學研究，教學研究成爲他生命中的一部份。一九三四年二十七歲時從美國密契根大學學成返國，到北京大學教書，據楊振寧先生考據，是中國歷史上最早得美國大學理論物理博士的三人之一。一九九四年他從中研院院長任內退休，每週五繼續到新竹清華大學教課，直到一九九八年秋，爲免長途跋涉、勞頓，轉至台大，去春開課，還有八十位同學選修。吳先生備課，必寫講義，將心中知識，先清楚整理一遍，寫出來發給學生，六十年來如一日。前年清華爲吳先生做九十大壽，重新刊印一封他在西南聯大寫的手稿，分贈他當年的老學生楊振寧、李政道等，吳先生特爲寫跋，自述得天下英才而教之的喜悅心情，躍然紙上。

吳先生從事科研，完全是爲研究而研究，未嘗因環境或職務之變動而異。一九三三年在美國作高電荷正電離子的計算，爲當時原創性的工作，用計算尺將繁複的算式一步步算出。六十餘年後，他和學生合作，利用現代電腦，將同一題目推廣擴充，發表論文於一九九七年十一月份之中國物理期刊。事隔六十餘年，論文的科學價值，當然不能與當年相比，但吳先生將複印本送給我們這些門生晚輩時，回憶昔日用手計算的辛苦，而今日電腦幾秒鐘就得出更精確的結果，而且完全印證他當年的物理結論，津津道來，白髮蒼顏間洋溢童稚喜悅之情，實實在在令人感覺到一種聖潔的光輝。

他的最後一本著作是"*Kinetic Theory of Gas and Plasma*"是根據前兩年在清大授課的講義編寫而成，全書早已完稿，但他還要加個表，把微觀的動力學觀念和宏觀的熱力學觀念對照起來，到九九年初，初表已成，九十高齡，字已是顫顫抖抖，但他還是不肯即刻出版，要再斟酌，相隔六十年，一絲不苟的精神，絲毫不減。一絲不苟是吳先生一生做學問的寫照。在作學問上面，人文與自然科學有很大的不同，後者知識日新月異，而且往往涉及繁複的計算，和前者之間的差異有如潑墨畫和工筆畫之別。因此，許多年輕時有成就的科學家，五、六十歲後，因爲原創力和計算耐性的減退，往往不再涉舊業，偏好談些哲學、玄學境界的問題。吳先生個性和天賦都不如此，到了八、九十歲他還是耳聰目明、頭腦清楚，能靜下心來，分析推演地作一個嚴謹科學家的工作。現在有一句流行的讚語：「一路走來，始終如一」。這句話其實很少人能當之無愧，但吳先生七十年如一日，一「生」走來始終如一，是最眞實的寫照。

吳先生當然不只是一位象牙塔裡的學者，除了對科學有現代認識外，更有宏觀規劃的能力。胡適之先生最先賞識他，推薦給先總統蔣公，從此得重用，雖然始終只是客卿，卻也因此始終受到尊重。一九五六年首次來台，擘劃台灣的科學發展，當時全台受過歐美教育的理科博士，據統計只有三位，眞可謂篳路藍縷。三十年來吳先生先長期科學發展委員會（長科會），而科學會，而國科會，而中研院，既是杏壇祭酒，又主導國家科學發展。其事蹟在他於中研院退休之日有文自述，此處不再贅複。但他平時對我們晚輩閒聊有兩件事是最得意的；一件是六〇年代中，台灣主事國防者規劃製造原子彈，吳先生在老蔣總統面前直陳其非，在座有經國先生，時任國防部副部長，吳先生當著他的面說：「你的那些人，寫的計畫我看了，原子彈的知識都是從《讀者文摘》上抄來，而且做了原子彈，到哪兒去試爆？沒有導彈，去炸什麼人，都沒有想過。」另外一件事，也在六〇年代，當時出國風氣甚盛，但留學生多滯美不歸，國民黨元老、重臣遂有禁止留學生出國之議。吳先生又上書總統，以培養人才，儲於異邦，長期來看，對國家未必不利。這兩件事，都是影響深遠的大事，吳先生認為是老蔣總統的睿智，也是他的敢言直諫，最後都採納他的意見。

平心而論，留學生一事，吳先生的建言有關鍵性的作用，原子彈一事，老蔣總統未必全聽信了他，但經他這一嚷嚷，中外皆知，事實上增加了研發的困難，也使他成了軍方的眼中釘。

老蔣總統與吳先生之間的互動在原子彈議題上產生了意想不到的後果。一九四五年美國在日本丟了兩顆原子彈，結束二次大戰，當時中國號稱四強，但老蔣總統認為一定要發展原子彈，才能在世界事務上有名副其實的發言權，乃撥了十萬元法幣和一所大禮堂作場所，要當時的兵工署長，俞大維先生召集吳先生等科學家，也爲中國造一顆原子彈出來。吳先生乃又上書，詳細剖析，有人才能有彈，培養人才乃發展國防科技之第一要務，而當時中國的條件，是造不出原子彈來的。蔣公恍然，欣然地接受了吳先生的建議，將十萬元法幣轉撥，挑選有天賦的年輕人才，就由吳先生等率領赴美，進修科技，這批當時的青年才俊，後來出了楊振寧、李政道兩位諾貝爾獎得主，還有華羅庚等世界級的學者。而蔣公當年的期望，也沒有完全落空，吳先生攜同出國的青年中，有一位朱光亞先生後來回國，眞的幫中國做出原子彈，不過那是在毛澤東領導下的中華人民共和國了。

吳先生有人才能有彈的建言，在老蔣總統心目中，一定留下了深刻的印象。至五〇年代時，台灣只有一所大學——台灣大學，和三所學院，並無研究所，政府對教育採取緊縮的政策，大陸的大學一律不准復校，原清華大學校長梅貽琦帶了顆清大的校印，流寓紐約，有人向當局建言，何不請原學工程的梅校長回來，既辦學校也可發展原子能。因此才有清華的在台復校，才有國內第一座原子爐和第一所研究所——原子科學研究所。吳先生一九六五年第一次返台，就是以原科所特聘教授的名義。那時我在台大近乎畢業，是梅校長唯一的助理。也順理成章地成了吳先生的助教，隨班上課。主要的工作是核校和印刷講義，吳先生的講義因爲數學符號太多，是自己寫了，請一位親戚在外面用特別打字機打好，再送來學校油印，所以我常是滿臉滿手墨黑的去上課。有一次又在講義上把h和ħ弄混了，吳先生爲此大不高興，就從量子力學的源起說起。h和ħ之間差了個2π，這2π是如何得來，正是波動力學和矩陣力學接軌的關鍵等等，把我好好訓了一頓。吳先生生平高徒無數，我忝列門牆，老師謹嚴治學的精神沒有學到一成，但挨罵和聽他罵人，四十年如一日，這是最早一次的教誨，迄今印象深刻。但後來接著，我也有一次較得意的回憶。有一次，他匆匆來上八點的課，想必是起遲了，頭髮豎著，最嚴重是眼鏡忘了帶，起先是瞇著眼看講義，後來乾脆擱下講義，空口的講。我直覺立功的機會到了，從課堂後面溜出去，騎了腳踏車，趕去福州街他住的地方，把眼鏡取了來。回來時剛好第一堂下課休息，學生們圍著他問東問西。吳先生見我在後面探頭探腦的，板著臉問：「什麼事？」

「吳先生，您忘了些東西吧？」我把手藏在後面。他瞪著我說：「什麼？」我做了個鬼臉，手伸出來，把眼鏡呈上，幾個女生偷偷的笑起來。

他又瞪了一眼，有些窘也有些喜歡，無奈的說聲：「謝謝。」不過還是加上一句：「以後不可以逃課去做別的事！」

吳先生直言是有名的，不分貴賤高低，一概衆生平等。但他知之爲知之，不知爲不知，深思而後言，而且也有分寸。品評人物通常只在私下場合，聞之者爲其醇純虔誠的態度所感，雖未必盡皆知戒知改，但也不致積怨。早年爲國師，有許多直諫進言的機會，晚年爲大師，就常在他三合一的房裡，對著熟識的門生弟子，評議國是月旦人物，亦頗有延年益壽之效。

什麼叫三合一的房間？吳先生一生不置產業，七〇年代初回台定居後，就住在廣州街國家科學指導委員會的辦公室內，將之改裝，臥室、書室、接待室三者合一。達官貴人、門生弟子，進進出出，他一概坦腹相迎——坦腹是坦誠，不用機心。吳先生雖然衣裝自然，卻並非不修邊幅。

吳先生首先是自然科學家，但也是人文關懷者，因爲他的成長背景，自然有很深的中國情懷，而且從不掩飾。但待人一概以誠，所以進出於他三合一的接待室，意識形態大不相同，甚至主張台獨者亦不乏其人。但都能坦然相處，而且賓主交談之後，客人（包括門生弟子）有一得之長，吳先生仍不忘讚揚，而客人對吳先生敬崇之心仍不稍減。

吳先生最後念念不忘而尚未完成的工作，是編寫一部中國物理發展史。這原是李政道先生向他建議的，以吳先生的經歷，寫這樣一本書，確是不作第二人想，他也欣然同意，憑其記憶佐以手邊資料，九八年春在台大作了一系列有關早期我國物理發展的演講，已經全程錄影，錄音也已初步整理完竣。但吳先生認爲不夠完備，九九年初，決定赴北大就近取材，以增補遺缺，一切聯絡籌畫就緒，原定四月赴京，但三月即因心臟病住院，以後又引發其他病症，延至辭世。期間曾六度病危，忍受極大痛苦。去年八月以前，昏迷時多，清醒時，耳能聽，目能視，但不能言，門生故舊來看他，他往往要了紙筆，在後面用一張硬紙板墊了，懸空寫數字囑咐致意。我手上保留了四封他病中懸空描畫的信，其中最後一封，足有兩頁，仍在叮囑如何安排赴北京，再到北大物理系去蒐集資料以竟全功。字雖已零亂，落筆仍嚴謹，吃力懸空顫抖著一字一字的描，透露著吳先生一生敬業執著的精神。過兩天，他就完全不能再與外界雙向溝通，但若義女吟之在耳邊大聲說：某某來看你了，仍可感覺到吳先生的反應。他的兩位得意弟子楊振寧先生和李政道先生，先後專程來看他，今年一月二十三日，李政道先生探視時，一邊撫摩著吳先生的手，一邊絮絮追述五十五年前他十八歲大學二年級生時，吳先生破格選拔他出國深造，其後種種，吳先生的眼珠會忽然轉動兩下，而且腳趾也有屈伸，其眞純感情的交流，令人感動。二月二十九日和三月一日他走以前兩三天，我兩度往視，也忽然見到他久已不見的眼珠轉動，不知卻已是回光返照了。

最後，除了八句輓詞「哲人雖萎，典範永存」之外，還要多帶上一筆，吳先生退休後，擔任一年一聘不支薪資政的虛銜，除了退休俸外，別無收入，經濟並不寬裕，全靠聯合報文教基金會終身的王惕吾講座的支援。他臥病近一年，義女吟之不眠不休照顧如一日，其眞誠之情，雖親生子女亦未能及，這是吳先生的福氣。這兩件事，在此多寫兩句，代誌謝意，吳先生地下有知，想必不會罵我吧。

（寫于二〇〇〇年）

棋橋

一著而爲天下法

——賀吳清源先生獲頒香港中文大學榮譽博士

相傳蘇子瞻（東坡）爲韓文公廟立碑，徬徨思索，不能落筆，忽得「匹夫而爲百世師，一言而爲天下法」兩句，乃一氣呵成。此傳神一聯，稍改數字：「匹大而爲異國師，一著而爲天下法」，正足爲吳清源先生寫照。

圍棋是勝負的世界，善勝負者日人稱之爲勝負師。勝負師常有，但沒世而名不稱者居多。吳先生在五十年代前後，對日本一流高手作個別十局比賽，將之全部降級，專就成績而言，足夠資格稱得上第一流的勝負師。但在吳清源先生棋的世界中，勝負只是一個附帶的因素。對吳先生而言，圍棋是一種藝術，也是一種哲理，反覆爭棋的最後的目的，是從中領悟建立調和的道。吳先生髫齡渡日，縱橫棋壇四十年，所創布局定石，不知凡幾，這些新布局新定石，對當時的勝負未必有助，但卻爲後來者開闢一片新天地。此所以吳先生卓立於群彥之上，而爲圍棋史上劃時代的人物。

然吳先生之贏得日本舉國之尊敬，又不僅在棋藝。凡繼往開來爲一代宗師者，必有其特殊之氣質，曾與愛因斯坦共事並爲愛氏立傳的一位科學家曾說：愛氏是他所識人中，最自由、最不妥協和最有自信者。自由、自信和不妥協是眞正天才共通的特性，也正是吳清源圍棋一生的寫照。

突破前人窠臼的能力必然是從前人窠臼中摸索而得，漫沉愈久，當然愈不容易脫離舊規。吳清源六歲習弈，十四歲東渡，到推出新布局時，已弈了十多年棋，這十多年，他使用傳統的布局，戰績所向無敵。但爲追求「和諧的完美」（吳先生語），乃一朝棄其舊所依恃，另創新天地，若無自由自在無所滯著的心靈，焉能致此？

獨立自由的心靈是開啓創新之門的鑰匙，執著堅持則是底定於成的動力。吳先生昭和八年對本因坊秀哉一局，以三・三、星、天元起局。圍棋之美原在海闊天空，盤上任何一點都可落子。但日本棋壇的規章建制成於封建之幕府時代，故雖至昭和年代，仍遺留許多陋規，譬如三・三稱之爲鬼門打，便是忌諱之著。吳先生以十八歲之少年，面對代表傳統君臨日本棋壇已三十年之秀哉毅然以三・三起手，向不合理之陋習挑戰。吳先生在決定如此起局之前，也必衡量過會因此引來多少批評指摘。從時代潮流而言，此封建遺習最後必將隨幕府制度而俱去。但在將去未去之際，以異國少年一人，挑戰三百年絕對之傳統，不撓不沮，此局後來稱爲「昭和之名局」，其時代意義或更在棋局本身內容之上也。

凡開創新局，開始時一定是孤獨的，而十次嘗試，失敗者八九，成功不過一二。若無充分自信，幾番挫折，生趣略盡，必然難以爲繼。吳先生首創雪崩定石，其中某些變化，一般都認爲不利，但吳先生卻屢屢嘗試，而且愈是重要的比賽，愈加以使用。或以此相問，吳先生總說：還有些演變，沒有研究透徹，或者未必不利，其所以必要在重要比賽場合試用，乃因爲只有眞劍決勝，全力以赴，才能窺前所未窺。吳先生自信之充分，對眞理的執著，有若此者。

世人常曰「世事如棋」，其實棋何嘗如世事。棋之爭也公開，而輸贏也淸白，初未如世事之詭譎難明，然最後結局之勝負榮辱，其得失之道又彷彿相吻合。吳先生一生無世俗之心，不為物移，不為勢劫，又有與世相推移，故當其盛時，落落寡和，無花團錦簇之榮。然七十引退之日，日本棋界懷念吳先生一生對圍棋之貢獻，為吳先生舉辦紀念棋會，朝野名流群集，盛典空前，其殊榮又非當代棋士所能及，故其成就自在人心；然日人在文化藝術上超越國界之器度，亦有足稱者。

吳先生與日本棋界恩怨友敵數十年，最後贏得彼舉國之尊敬，但在自己祖國，以生逢戰亂，竟無全國共聚一堂相賀之機會，此吳先生言談著作間常引為憾者。今趁中文大學頒贈榮譽文學博士之便，海內外華人棋友共集香島，以棋會為先生賀，洵棋界一大盛事也。

（寫于一九九〇年）

莫教浮雲遮望眼

——給徒弟施懿宸的一封信

懿　宸：

你拜師快半年了，棋藝方面，我實在不能教你什麼，職業棋士都能教得更好。很快地，你也會勝過我。但是這多年來，我下過那麼多棋，看過那麼多傑出的棋士，也許可以爲你說些經驗得來的教訓，這些教訓，現在你未必能完全體會，將來還是有用的。這次林國手海峰回國，大家很熱鬧一陣，馬上你又要代表我國參加世界青少年棋賽，我就把這些教訓寫封信給你吧！

昨天晚上，我帶你去林國手的旅館下棋，他把你殺得很慘，我看你眼淚直在眼眶裡打轉，老實說這是我拜託他殺你的。你和夏衍譽近來棋力進步都很快，前天在聯合報的表演賽，又雙雙贏了林老師和加藤九段，報紙大捧你們，又是神童、又是天才。你們的父母對你們期望也很高。但是，受到這種誇讚，未必是福。它會使你頭腦發熱，尤其在你們這種年紀，一不小心，便會失去平衡。

宋朝有位大政治家王安石，做過兩句詩：「只緣身在最高層，不畏浮雲遮望眼。」我常常把它改四個字，送給特別聰明、特別漂亮，或者特別有權勢的朋友：「莫因身在最高層，遂教浮雲遮望眼。」意思是，不要因爲自己高高在上，便讓浮雲遮住了眼——因此，看不清腳下的眞實世界是什麼了。

在你們的年齡，神童啦、天才啦，便是那些浮雲。要知道，出名容易成名難。出名可以靠運氣，靠人家捧，但要把名聲一直保持下去，卻得靠眞本領，靠不斷的努力。圍棋的可愛，便在黑白分明，僥倖不來，頭腦一發熱，報應就到——馬上輸棋。林國手們，在大庭廣衆間跟你們下棋，總存鼓勵之心，雖不致故意輸掉，撒手鐧是不隨便拿出來的，關起門來，就不同了。昨天晚上，我還怕林國手秉性太過溫厚，下棋以前，跟他說：「海峰，這些小孩厲害得很，看昨天的棋，四子是不容易讓了。」他哼了一聲，捲起袖子，這一哼，我知道你慘了，結果果然不錯。

輸了這盤棋，你很難過，父母當然也有些失望。其實，要走的路正長，天下哪有弈棋不輸棋的？這一盤輸棋比前一盤贏棋對你是更有用。

二十五年前，我路過東京，曾拜訪吳清源先生，那時吳先生仍活躍棋壇，而林國手到日本六、七年了，成績也蒸蒸日上。我問吳先生，他怎樣教海峰的，吳先生說：「現在弈棋都是公開下，也沒什麼秘手可教，我只和海峰下過兩盤棋，告訴他一句話：『追二兔不得一兔』；作爲一個華僑，要在異國出人頭地，只有追一隻兔子。」

十幾年後，我在從臺北到新竹的火車上，把這個故事告訴王銘琬。那時他剛十二歲，準備出國學弈，因爲從小就很聰明，父母又寵他，興趣廣得很，在火車上天文地理科學文學無所不問不談，也許他心目中有點想學我，我把吳先生的話講給他聽；現在的社會是個競爭的社會，別的行業勝負不那麼明顯，比較有彈性。圍棋是勝負總和等於零的世界，非常殘酷的，三十歲出不了頭，便永遠出不了頭，只有作別人勝利的墊腳石了。假如你學棋是作爲文化上的修養，調劑生活的消遣，那自然可以悠悠閒閒；但是要作爲謀生的專業，那就只有先專心追這一隻兔子，別的兔子等追到後再說。

銘琬到日本以後，專心學弈，這兩年連續擊敗一流的日本棋士，漸漸可以接林國手的衣缽了。今年五月間在東京開會，和他一起吃飯，見解也很成熟，在勝負世界裡悟出來的道理，有時候比書本上的更深刻。

我們在日本年輕一代的棋士，以林國手爲表率，不論是棋藝還是生活規律，一般表現都不錯，都能得到日本棋界和棋界以外人士的尊重。林國手最令人敬佩的，不只是棋藝，是他「不忘本」的本性。多少年來，只要臺灣的小棋士赴日，他都悉心照顧，在生活上、棋藝上受到他的潛移默化。二十年前，吳清源先生因車禍受傷，被迫從棋壇退出，其時林國手聲名如日中天，各種比賽忙碌之極，但他馬上組織並參加了清峰會，和吳先生一同指導社會名流弈棋，從精神上、物質上支持吳先生。這些年來，他作爲獨尊日本棋壇的日本棋院棋士，在承認中共的日本，在牽涉到政治的問題上，林國手的處境——譬如像和不和大陸棋士下棋，常常是很爲難的。但林國手的表現，超過愛國要求的標準。林國手是完全不懂政治的，我想他也沒有想到愛國不愛國，只是不忘本而已。

和講究競爭的現代西方文化相比，不忘本是傳統東方文化的特質。忠、孝、仁、愛、信、義等倫理上推崇的美德，都可以說是從不忘本的基礎上發揚出來。林國手口訥訥若不能言，你要他講些道理，他是一個字也講不出的，但是與他相交，自然會感到這些氣質。余英時先生、金庸先生等，都是絕頂聰明的人，也都因此敬重他。金庸常對我說，他在武俠小說中，寫了郭靖這樣一個拙實的人物，稱爲俠之大者，十餘年來，在實際世界裡，並沒有碰到過。竟在林海峰的身上，看到他的影子。

林國手以二十三歲得世界之「名人」，迄今二十二年，他的棋力，總會過巔峰的時期，但他做人的典範，卻永遠歷久長在。

這封信信手寫來，講的道理，用的文詞，都超過了國小四年級的程度，爲難你了，以後慢慢再完全了解吧！基本上是虛心、專心和不忘本三點，這都是老生常談的話，但是老生常談，從經驗中累聚而得，也常常是最可受益的。希望你好好體會。

最後，祝你棋力突飛猛進。我也有點私心，師父年歲漸大，敏銳處也不如往昔，但是名氣依舊在，名實不太相符的情形下，弈棋常輸多而贏少。以你的天分，認眞努力，三年之內當可國內無敵，那時要代師報仇，希望快快加油！

沈君山　一九八六年七月二十八日

後記：

一九七〇、八〇年代，台灣選拔有圍棋天賦的兒童到日本學棋，我擔任「主考官」——要執黑贏得了我才能出國，所以現在許多活躍在日本的棋士，都稱我為老師，施懿宸是真正拜我為師的，但卻沒有出國做職業棋士，後來在交通大學畢業，現繼續讀研究所，仍還是一流的業餘棋士。

（二〇〇一年補記）

衛平和我

——聶衛平著《圍棋人生》序

在中國的圍棋發展史上，聶衛平是一個有代表性的人物。圍棋是世界上現存鬥智競技中歷史最悠久的，源起於我國，隋唐之際傳入日韓，在相當於明朝中葉的安土桃山時代，日本的圍棋開始制度化，產生了四大家，互相競爭。明治維新，棋亦隨之進入現代化，成立棋院，推動新聞棋賽，成爲一職業性的競技。反觀我國，從清末以至民國，圍棋一直是依附於商賈之間的休閒活動，中華人民共和國建國初期，尚無力及此，中日雙方的棋力，乃漸拉遠。在這一段期間，吳清源和林海峰等華裔棋士相繼揚威東瀛，他們的成就，是華人的驕傲，在藝術境界上也爲圍棋放一異彩，但畢竟是從日本的圍棋制度和在日本的環境中孕育而成。聶衛平是第一個完全由中國「本土」培育出來，而在較長時期的比賽中連續地擊敗了日本最強棋士的第一人。圍棋是兩個棋士個人間的鬥智，但作爲職業性的競技，卻也反映出整個社會的時代背景。一般說來，西方文化較以個人爲本位，而東方文化則較以群體爲本位。從明治維新福田諭吉提倡「脫亞入歐」起，日本就在各方面西化，戰後更是完全接受以個人競爭爲主體的資本主義。職業棋士比賽的勝負直接影響到他們的收入和生活，而且在九〇年代以前，日本所有的大比賽都是國內比賽，所以棋士參與比賽，都是從個人利益的立場出發。中日圍棋交流剛開始的時候，因爲雙方棋力有一段距離，日本是以「指導」的心理來對待中國的。中國方面的心情不同，那時中國「文革」剛剛結束，對外開放才將開始，國際的比賽，例如乒乓、排球等都洋溢著強烈的愛國主義的色彩，每次獲勝有著中國人「終於站起來了」的象徵。

這個時候，中日圍棋擂台賽應運而生。在自傳裡，聶君自認他的棋力在七〇年代末已達到巔峰，但眞正更上一個台階，還是在八〇年代後期的擂台賽。可以說擂台賽造就了英雄式的聶衛平，聶衛平也造就了英雄式的擂台賽。嚴格地說，擂台賽不能算是眞正兩軍對決的比賽。因爲譬如十人比賽，一隊九人皆弱，一人特強，這特強的一人就可把比賽贏下來，但並不代表輸的一隊就實力差。然就刺激性、緊張性而言，擂台賽遠勝其他方式的比賽，尤其當時的中日對抗，以平均實力而言，日本毫無疑問尚勝一籌，聶衛平把守最後一關，有如在懸崖上持劍對決，雖然只是一個人，背後卻擔負了十億中國人民加三千萬海外華裔的期望，憑其韌性、氣勢，連勝三屆十一場，海內外華人，無論知不知棋，都為每一場的勝負懸起了心，使得圍棋這項原屬個人遊戲的競技，一下成為家喻戶曉的比賽。再加上聶君學棋的過程，充滿了戲劇性，與日本棋士正成對比，日本的職業棋士都是從小進入棋院，穩定成長，是制式化的「產品」。聶衛平卻是在極端混亂的「文革」期間，左衝右突地冒出來。用武俠小說做比，小林、武宮等日本一流棋士，就像少林寺的和尚，一個個從小出家，吃素練武，最後通過了十八羅漢銅人陣的考驗，才算學成出師。聶衛平則是一位野武士，在荒山大澤中自行磨練而出。當聶衛平在擂台賽上與這些棋藝屬於「名門正宗」的頂尖高手對決，而把他們一個個掃下懸崖，其懸疑性、戲劇性，即使小說裡想像出來的最精彩情節，亦不能過之。

當時在海外，對於聶君學棋的經過有各種傳說，其中之一是當聶君下放到北大荒的山河農場時，因爲沒人下棋，就自己跟自己下，左腦擇黑，右腦擇白，左右互博，後來與日本高手對抗，若一對一，只想自己該怎麼下，原無必勝之道，但他既養成了左右互博的本領，一路想下去，就成了兩個聶衛平互相商量著來下，正像金庸筆下的周伯通，那對手就吃不消了。這個故事雖是傳說，也有幾分眞實性，因爲照自傳《圍棋人生》看來，他在山河農場要走幾百里才能和高手下一盤棋，晚上看著屋頂自己想棋，肯定是必有的事。專業棋士落子，爲了考慮周詳，常常有意想不到祕方，像已去世的日本前輩棋士木谷實，當年號稱「鬼童」，與吳清源先生齊名。但他下棋極慢極慢，有時候很明顯的一手棋，也要想上兩個小時，因此當時每盤棋十幾個小時的時限，他總不夠用，不到中盤，就讀秒了（所謂讀秒，就是每步棋必須在一分鐘內落子）。吳清源先生問他爲何如此，木谷告訴吳先生，他想棋和別人不同，先從最不可能的一手想起，這一手不行了，再想其次不可能的一手，如此過濾到最後，自然產生最好的一手。這種過濾式的想法固然不會有漏著，但有個前提，必須精力和時間都無限才行。所以木谷每盤棋都要讀秒，讀秒了，只有憑直覺落子，這套過濾式的想法，當然不能用了，但正因爲每盤棋都要臨此苦境，經驗多了，木谷下讀秒棋的本領，也是天下無雙。一九六二年我從美國回台灣，經過東京，因爲木谷先生的女兒禮子訪問美國時，曾和她下棋並招待，木谷先生特地請我到著名的木谷道場，去吃日式烤牛肉，我曾以此故事相詢，木谷先生聽說這是吳先生講的（後來吳先生還寫入他的書裡），哈哈大笑，用日本話說了一大串，據翻譯說，是講他早年與吳先生研究新布局的事，似乎也沒有否認。當年木谷道場一大群小孩，擁來擁去，吃烤牛肉時，就在門口探頭探腦，被木谷夫人吆喝趕走。吃完牛肉，照例以棋招待，就叫了一位六、七歲的小孩來和我下棋。木谷給他介紹，說我是美國「本因坊」。當時沒有電視更談不上網絡，「美國」一詞在小孩心目中，可能是一個遙遠而偉大的象徵，他眼睛咕嚕咕嚕地轉了兩下，鞠了一個大躬，就在下首坐了下來，木谷先生要我讓小孩三子，當時的我，讓一般所謂神童小孩三四子也是平常的事，不過翻譯先生在後面叫我小心，這位小孩剛剛從韓國來，授五子贏了坂田榮男，似乎也贏了林海峰，這令我頓生警惕。這盤棋一上來，因爲妖刀定式的鬼手，小孩不察，死了一大塊。他的人緣似乎不太好，圍在後面看的比他大幾歲的一群少年，幸災樂禍地有的做鬼臉，有的還嘰嘰喳喳，被木谷先生瞪了一眼，才沒有了聲音。這小孩雖死了一塊棋，卻一點也不放棄，還是撐著走，慢慢地有些挽回，但不小心，後來又死了一塊，木谷先生叱責著要他投子認輸，但小孩噙著淚，咬緊牙，硬是不肯，還是要下，這在日本傳統規矩裡，可能是對上手的不敬。木谷生了氣，大喝一聲，小孩扁著嘴還是硬下了一子，然後哇地大哭起來，後來是木谷夫人進來，把他帶走，那一伙少年小孩狐假虎威指指點點地罵著這小孩，一窩蜂地走了。

這個下棋的小孩，就是後來直到今天也還在稱霸日本棋壇的趙治勛。大竹、加藤、武宮、小林等和聶衛平作殊死戰，先後曾在棋壇各領一段風騷的棋士，一定也夾雜在這群嘰嘰喳喳的少年小孩中吧。

三十七年過去，斯情斯景猶如目前。當然業餘棋士的記憶，是有選擇性的，贏的棋記得特別清楚，輸的棋很快就忘記了，不過，這是千眞萬確的一段經歷，在日本雜誌上也曾有報導，授三子能把趙治勛殺得哭，恐怕也是一份機緣吧！

言歸正傳，聶衛平在第一、二屆擂台賽中的表現，如有神助，建立了歷史性的功績，但也是歷史性的機緣。日本的棋士以圍棋爲國粹，棋力高他國一籌，先驕後餒；而中國方面，經過傳媒宣傳，可以說集舉國之期望，看棋士們備戰的過程就知道，不只是聶衛平、馬曉春等個人的事，還存在著中華民族對抗大和民族、社會主義的群體性對抗著資本主義的個體性等等各式各樣棋盤外的象徵，上網上線，都投射在既單純又神祕卻確確實實是黑白分明的棋盤上。而最後是中國人贏了。

這樣，聶衛平成了英雄，他豪邁爽朗的個性，也正適於扮演英雄。但是在現實社會裡，英雄是不好做的。有一段時間，哪兒都找他去，領導找他，群衆也找他，聚會的時候，上千上萬的人圍著他，他傻乎乎地笑，人家說他和熊貓一樣是國寶，也眞像。

那個時候，我和聶衛平已經是很知音的橋牌伙伴，有一次我私下問他：「你的棋怎樣？會不會退？這是你的根呀！」他苦笑著回答：「退倒不會退，可也不會進，我沒辦法呀！」

這話從自信極強的聶衛平口中說出來，就表示單從精力一點來說，棋的整體力量已經在走下坡了。記得大概是十年前吧，我曾寫了封信給主辦擂台賽的郝克強先生，說聶衛平的個性和棋風，就像大漠英雄，他對外比賽能不斷創造奇蹟，主要也是靠他那股大漠英雄的氣概，但現在在京城的浮華世界被燈紅酒綠的捧，棋力非退不可，「自古英雄怕進城，你們要注意保護他哦」。後來在「應氏杯」的決賽中，此言不幸而言中。

我和聶衛平相識於棋而結緣於橋牌，橋牌是聶衛平的業餘嗜好，而且不只是一般的嗜好。我還沒有見過一位業餘橋牌手，像他這樣的喜好和投入。關於這點，略識聶君的人，大概都同意，對此有意見的，也頗有其人。我的看法，像聶衛平這樣一位喜歡競爭而且勝負心特強的人，橋牌——這於他是「勝固可吹，敗亦可諉」的業餘嗜好，對調劑身心是有正面作用的，只不過他的個性，豪邁勝於謹細，有時候對自己也放縱些，別人怎麼說也不大在乎，當然閒話就特別多了。

衛平和我第一次見面是在一九八三年香港金庸先生的宴席上。金庸、衛平和我都是因棋結交，金庸有一段時期極迷圍棋，他有特殊的癖好，都是拜高手爲師。歷史上徒弟段數最多的，大家公認是木谷實，總共超過二百段。和木谷實相比，世界上師父段數最多的，現在肯定是金庸。我幫他算算有一百段以上！金庸之有此成就，是因爲他完全不守武林中入門以後從一而終的行規。不分門派不分輩分，只要藝高，他就要拜爲師父，而且學不學得到本領不論，拜師的儀式卻一點不肯馬虎，往往堅持要行跪叩的大禮。有一次，他要拜王立誠爲師，林海峰和我都被請去做觀禮的嘉賓，那時他已拜了吳清源、林海峰爲師。王是林的弟子，林又是吳的弟子，論年紀王也不到金庸的一半。金十分誠意地要拜，王卻怎樣也不敢受，僵了好一陣，最後還是搬了一張太師椅來，立誠端坐其上，金庸畢恭畢敬地鞠了三個大躬。海峰雖已是師父，但此時升格爲師祖，又受了三鞠躬；立誠出國赴日學藝是經過我的手試，所以我亦沾光地受了金庸斜斜一拜。衛平的自傳中，說金庸堅持對他要行跪叩拜師之禮，經過想亦如此。

衛平與我和金庸雖是因棋結交，當然我們更是金庸武俠小說的忠誠讀者。自傳裡聶衛平講起他和我交往引用的典故，亦出自金庸的《笑傲江湖》。

這要從一九八六年香港一個叫「地中海杯」的國際橋牌賽說起，這是我和衛平第一次正式搭檔參加橋牌賽。那時聶衛平在香港已經是名人，我在台灣也有各方面的關係，而當時兩岸之間尚未開放。單純的橋牌賽，招來好些記者，他們問的問題，當然離不了兩岸與政治。一位記者有點挑釁地問：「台灣不是把共產黨叫『共匪』嗎？你怎麼和聶衛平下棋打牌？」我回答：「政治是暫時的，民族、文化是久遠的，我和聶先生都是中國人，圍棋是幾千年的中國文化。」聶君在自傳中認爲這回答很政治，但這是內心誠實的話。假若那時我在政府中任職，也許不會說得那麼白，但當時我並沒有擔任公職。後來這些話在台灣報紙上登出來了，當時也有些傳言（並不完全眞實），聶君有些擔心，曾問我和他做朋友有沒有不便，我解釋了一下我在台灣的情形，說這樣的活動對個人的安全自由不會有什麼不便。當然對任公職可能有一些影響，不過時代在變，所謂「不便」也在變。人在世間有政治地位，有社會地位，也有歷史地位。政治地位是暫時的，隨位置而變，得位時高，失位時就消失了；社會地位是長期的，建立起來後，只要束身自愛做你自己，總在那兒，別人奈何不了你；歷史地位則是永遠的，但不是只靠努力可得，更不是人人可得，要靠機緣，就看怎樣把握機會，一過去就沒有了。「而你正在創造歷史地位的邊緣。」我對衛平說。對我們相交，則引用了一個《笑傲江湖》中的故事。講兩個江湖人分屬敵對兩派，但均妙於音律，因樂結誼，琴簫合奏，共創了笑傲江湖之曲。這個故事後來以悲劇結局，但此兩人的友情，令人心嚮往之。我心目中，與衛平友誼的關係，與之頗爲近似（當然悲劇結局除外）。

我們之間背景、專業都不一樣，甚至個性和對一些事的價值判斷都不盡同，但在橋牌桌上，確實心靈相通。和衛平做橋伴是很愉快的，他不是專業橋手，橋牌的理論不高，但橋牌的智商很高，思路淸楚，極少昏招。他與一流橋手對抗的經驗不多，但從圍棋征戰養成的 killing instinct（殺手直覺），關鍵時刻白刃一閃，絕不手軟。最特殊的是，自信超強，每次贏了牌，看他眞心高興，自吹自擂彷彿君臨天下，其愉悅的心情傳染開來，令人覺得天地皆春。我們做伴打牌的機會平均一年只有一兩次，兩人間完全沒有什麼特約叫法，但在牌桌上，他想什麼我大致猜得到，而他的判斷，我也大致信得過，所以成績往往出乎意料的好，這種天地皆春的感覺也就常有。最令人懷念的一次，是一九八八年在日本，他已連贏了三屆擂台賽，那次是參加「富士通杯」，我正好去京都開會，打聽到在棋賽結束後的第三天，有一場「高水準」的重要橋牌賽，在衛平贏了「富士通杯」初賽的午夜，我通過電話找到了他，臨時決定取消其他約會，去參加這次橋牌賽。到了賽場，才知道這是日本爲參加世界奧林匹克橋牌賽辦的選拔賽，我們以客卿身分參賽；聶衛平還臨時拉了武宮正樹去做捧場的觀衆，武宮略識橋技，每打完一圈，聶衛平就給他夾吹夾評地講一圈。

那天我們打牌如有神助，最後得了冠軍，把武宮佩服得不得了，讓聶衛平以後一定要教他學好橋牌，聶衛平哼哼哈哈地說了幾句日語，似乎是這很不容易的意思。頒獎時我們領了獎品，致謝詞時還開玩笑地問：「那我們是不是就可以代表貴國去參加奧林匹克了？」把主持人問得直搔頭。賽後林海峰請吃飯，聶衛平一人又吹又擂地吃了五客生魚片，把林海峰看得一愣一愣的。回到林家，他又趕著打國際電話給《人民日報》發消息，聶衛平贏了棋是很少吹牛也從不自我宣傳的，但贏了牌就不一樣了。我為此歡樂氣氛感染，也給台北的報紙去了電話，結果第二天兩報都登了我們贏了日本奧林匹克橋牌選拔賽冠軍的新聞。

像這樣愉快的經驗，衛平和我分享過多次，但我也曾陪他度過他圍棋生涯中最沉重的一夕。這在自傳中他也提到了，就是一九八九年八月第一屆「應氏杯」最後在新加坡的決賽。這個冠軍可得到四十萬美金，為歷史上獎金最高的比賽，是應昌期先生為中國人、尤其是為聶衛平舉辦的。而聶君亦不負所期，一路過關斬將，到新加坡時，決賽的五盤三勝中他已以二比一領先對手，剩下兩盤只要再贏一盤，就可以大功告成。大家都以為他冠軍已經到手，不料兩盤皆北。這一失敗，是衛平圍棋生涯的一個轉折點，也是「應氏杯」和兩岸圍棋交流中的一個轉折點，以後影響到許多事。當時我是應昌期圍棋基金會董事長，是「應氏杯」名義上的主辦人，但在大陸舉行的初賽和複賽，因爲時任政務委員，無法參加，最後決賽在新加坡舉行時，我已離開公職回到學校教書，可以自由地去了。因此我大爲興奮，還組織了一個橋牌隊，包括六〇年代一起馳騁世界橋壇的亞洲橋王黃光輝和戴明芳等，前往獅城，準備給衛平舉辦一個慶功橋牌賽。棋一輸，牌雖照打，但談不上慶功了。比賽過後，棋士橋友紛紛歸去，最後一晚人都走完了，只有衛平的機票訂在次日，他原預備好好地玩一下，這時只有我一人留下陪他，當天晚上我還是和他一起去吃他最喜歡的日本料理，他一口氣吃了兩客生魚片，也談了一些平常都不談的話，但沉沉悶悶的，熱帶的暖風從棕櫚樹頂吹下來，吹得人一身疲乏，兩人都早早就回去睡了。

獅城失利，衛平說走錯機場，得了感冒。這次他來獅城，賽前就恍恍惚惚的，說是冤枉跑了趟曼谷，在香港牌也沒打好。這使我想起一九八一年和陳祖德先生的談話。那一年陳君在香港金庸家養病，金庸趁機邀我也去小住幾日。每天淸晨和傍晚，陳君和我從太平山山巓的金宅出來，沿著山頂小徑一邊散步，一邊聊天。陳君給我的印象，與其說是一個專業棋士，不如說是一個知識分子。許多人認為，沒有「文革」，陳君將是中國第一個打倒日本的棋士，但他最美好的弈棋時光，都在「文革」的折磨中消逝了。儘管如此，陳君依舊是一個認真的共產黨員。我們談到社會主義體制，尤其結合中國傳統觀念的社會主義體制下圍棋的發展。這種結合，有許多優點，包括對棋藝棋士本質性的尊敬，棋士個人的生活安定，不依賴棋的輸贏等等。但是，一旦開放，接觸到一切以金錢衡量的國際競爭社會，這種結合的價值基礎，勢必受到衝擊，其體制運作也勢必要調整，否則難以持久維持平衡。這次「應氏杯」決賽，多少感覺到這平衡的動搖。

在自傳裡，衛平對他的婚姻和感情生活，有很坦白的叙述。這是另一個我和衛平相交不觸及的領域。但是對孔祥明女士，我有另一番獨立的尊敬。她是第一個中國圍棋的世界冠軍——女子冠軍。在七○年代末八○年代初，孔祥明在女子圍棋界是無敵的。和衛平結婚後，她放棄了事業相夫教子。做天才的太太是不容易的，衛平是天才，而且是不會照顧自己又相當任性的天才。孔女士相夫，最重要的是在棋藝上激勵督促丈夫，衛平在擂台賽的傑出成績，孔祥明是很重要的因素，這在自傳裡，衛平也承認。大家都知道，孔祥明對橋牌十分反感，我相信她絕對有充分的理由如此。我和衛平做橋伴七八年，衛平的朋友和中國棋院的棋士，大半都認識而且熟識，但衛平從未給我介紹，而我也從未見過他這位應算是圍棋同好的妻子。「應氏杯」決賽最後一局失利之後，我在旅館房間裡忽然接到衛平的電話，聲音低沉，要我到他房間裡一下，我去了，氣氛實在不好。這盤棋對他們太重要了，我在這樣尷尬的情況下，第一次和孔女士見面，他們也許要我緩和一下氣氛，但安慰的話似乎也多餘了。

一九九二年冬我到北京，離京前夕的晚宴上，棋院的朋友告訴我聶衛平和孔祥明分手了，剛剛辦完手續。我忽然興起非得去看孔祥明一下的念頭。時間已經很晚，孔的住處離宴會場合又很遠，難得王汝南和羅建文兩位棋友幫忙張羅到一部大概是吉普、也可能是貨車的高高的車子，他們兩位陪著我，一路顛著，走了四五十分鐘，好像還走錯了路，最後到一座體育館外面，孔女士已經聞訊在等著。北京的冬夜本來就冷，那天又是特別冷，我們就在體育館屋簷下，在刺骨的北風裡談了十幾分鐘話。我大致是說，我是以一個台灣棋友，而不只是衛平的朋友，向她致尊敬之意。

因為她替中國人爭得第一個世界冠軍，也因為她幫助造就了另一個偉大的棋士。這些成就是她自己的，而這份尊敬也是對她個人的，不因其他關係的改變而改變。她當然是謙虛了一番。我因為第二天就走，帶來的禮品已經送完，便臨時湊合著送了她一瓶「金門高粱」和一本蔣夢麟的《西潮》。「高粱」原來已經送給王汝南，再要回來；《西潮》則是帶在旅途上解悶的，已經有些磨損。後來，每年孔女士和我在聖誕節都通訊問候。兩年前，她首次訪台，我們又第三次見面。她告訴我還保留著那本《西潮》，煩悶時翻閱，書裡的內容每次都給她一份激勵。

衛平的自傳裡，讀者最感興趣的恐怕是他的師友部分。衛平和當時中國的領導人，很多都有因棋橋結緣的友誼，在自傳裡，交往瑣事娓娓道來，平凡中有親切的人情味。金庸小說裡有一個令狐沖，一個郭襄，是代表率性自由最最可愛的兩位男女。一九九八年秋天金庸訪台，在電視上偶然說起他小說中自己最喜歡的男主角是令狐沖，最想娶做太太的女主角是郭襄。一時政壇逐權之士，紛紛自喻令狐沖，而又紛紛也想把太太或女兒塑造成郭襄的形象。殊不知只是在小說中，令狐沖才會逢凶化吉，權力才會自動地落到他頭上，而他最後還是選擇放棄權力，才得還我自由。

郭襄誠然可愛，但試想三更半夜，邀集了殺犬屠豬之輩，到家裡來大塊吃肉、大碗喝酒，官先生如何自處？而官太太又如何做得下去？現實世界的生活，畢竟與理想不同，讀衛平的自傳，觀其生活起落，不禁有深深的感觸。

寫自傳最困難的，是如何在坦白與保留間拿捏好分寸。歷史上寫自傳的，大都以保留居多。我的同鄉、漢朝的大思想家王充算是一個例外。在《自紀篇》裡，他敘述家世遷居浙江上虞的由來：「祖父泛，以賈販為業，生子二人，長曰蒙，少曰誦，誦即充父。祖世任氣，至蒙誦滋甚。故蒙誦在錢塘，勇勢凌人，未復與豪家丁伯等結怨，舉家徙處上虞。」這些在今天看來相當平實的話，害得王充捱了近兩千年的罵，劉知幾在《史通》裡就責備他「盛矜於己，而厚辱其先」。但事實上，只有說實在話，才會賦予傳記生命，才會讓傳記活起來。衛平生性爽朗，在自傳裡，無論對人對己，對事對情，或追述或回憶，把當時的經歷用自己的感覺坦坦白白、行雲流水地說出來，生動可讀，絕對是活的傳記。但必然也會引來爭議。或者我們可以說，這是衛平從他的眼睛、他的角度所看到的世界吧！

衛平的自傳，寫到九〇年代中葉為止，至此，他作為英雄選手的時代已經過去。

人生的舞台原是在旋轉的，從一個場景轉到另一個場景，不可能老扮演同樣的主角。最主要的是在舞台旋轉時，尋到此時此刻此場景最適合自己的角色，快樂地扮演好這個角色。聶君正值壯年，他的大局觀、大賽實戰需要的心理建設等，中國至今仍無出其右者，而這正是年輕棋士最需學習的。近年來，他擔任國家圍棋隊的總教練，正是最能發揮他的所長。在中國圍棋步上國際舞台的過程中，衛平已建立了歷史性的地位，但今天他仍來日方長，這令人想起木谷實，年輕時木谷在棋盤上建立了傑出的聲譽，中年以後，更培養出木谷一門二百餘段，稱霸棋壇三十年。也許我們也可以以此期望聶君吧！

（寫于一九九九年）

懷念魏重慶

剛剛從報上看到魏重慶先生過世的消息，魏先生是航業界的巨子，可是他爲世人所知，是因爲首創精準制橋牌叫牌制度。只要精準制一天流行於世，C. C. Wei 的名字也一天不會被橋友忘記。在橋藝史上，他將與克卜生、高倫、辛肯等並列，共垂不朽。

從七〇年代到八〇年代，許多國際橋隊，用精準制得到輝煌的戰績，但是魏君之研究並發明精準制，是爲了中國隊，而首先使精準制揚名國際，也是中國隊。

我最初聽說魏君，是在一九六二年春，一位王姓朋友告訴我，有位船老闆，最近對橋牌著了迷，要想請我吃飯，那時我正在普林斯頓大學做博士後研究，平時忙著工作，週末忙著「日子」(date約會)，在臺大的時候，曾經迷過橋牌，贏過幾次比賽，在中國人圈子裡，小有橋名，但是出國之後，既乏同伴，又少機會，就很少打牌，興致漸漸減退。所以，對於這位船老闆的邀宴，並無特別興趣。但是王君鍥而不捨，每到星期四、五就打電話來，無論如何，看他的面子，也要去吃這頓飯。

幾次之後，情面難卻，只好答應了，一個星期五的下午，一位雙鬢微斑的中年人，開了一部大號林肯，和王君找到普大我的研究室，略一寒暄，便登車歸去，從普林斯頓到魏君在紐約東北郊外的住宅有兩個小時車程，在車上，那位中年人作了自我介紹，我沒有聽過他的名字，但他卻對我清楚得很，學什麼做什麼，似乎都知道，在車上天南地北的談，並無一語及橋，我還記得，花了最多時間的話題，是霹靂說的宇宙論，魏君追根尋柢的問，很使我奇怪，開了這麼遠的車子來接我吃飯，該不是談宇宙論吧？

魏君在紐約郊外的家，是相當寬敞的兩層分割式洋房，我們到時，已是華燈初上，晚餐早就準備好，另外兩位客人也已到了，略作寒暄，便即晚宴，佳餚美酒，主人略沾即止，我和王君卻是喝得薄有酒意，餐畢主人即延請我們到樓下的書房。

我想，要打牌了，有點惴惴，還記不記得住牌？但進了房間，並不見牌桌，只有一張長長的木板桌，桌上堆滿了各種表格，角上放著兩副牌，還有一本厚厚的法文書。主人請我們坐下，鄭重其事的對我們說，他正在研究橋牌制度，最近意大利在世界橋壇接二連三擊敗美國，美國老將們的技術，絕不亞於義隊，只是制度太鬆懈了。但是據他看，義大利藍隊的所謂藍梅花制，也還不夠科學。他現在要發展一套完全科學的叫牌制度，給中國人用，以中國人的聰明才智，應該可以據之擊敗義美，揚威國際。

接著他便講解他的制度，那一張張的表格，便是他說明的工具，老實說，那天他說些什麼，我一成也沒聽進去，後來接觸多了，才勉強了解，也略悉他學橋牌的經過。

魏君初識橋牌，是在上海交大求學時，曾把和同伴叫牌的約定整理成一本小筆記。五〇年代末期，船業不太景氣，他有較多的時間，乃開始再研究橋牌，魏君並不是一個反應敏銳的人，打牌的技術進步很慢，但是卻能深入思索，對於叫牌的理論特別有興趣。於是他從頭開始，把各種牌型碰點分配出現的或然率，先計算出來，再估計尊張和牌組長度可以贏磴的或然率，根據這兩種或然率，設計出一套叫牌法，或然率表示能贏幾磴，就叫幾磴。

魏君興高采烈的講解，王君和另外兩位橋友，雖已聽過不只一次，還勉強裝出有興趣的樣子，我則早已不勝酒力，強睜著眼睛而已。講解完畢，已經十點多鐘，主人把我們請回客廳，客廳中已放好牌桌，也準備了那時在美國不容易吃到的湯圓，於是我們一邊吃著美味的湯圓，一邊操練主人的制度，一邊看著手中的牌，一邊對著密密麻麻的表格，按圖索驥操練。

這樣雲裡來霧裡去的打了一個小時的牌，大多數時候，我並不知道同伴有些什麼牌，更不用說對手了。子夜過後，客人力竭歸去，我則留宿到次晨，才由主人送回城裡。

魏君那時把他的制度叫：Natural Biding System（自然叫牌制）——因爲有幾磴就叫幾磴——當然這只是個紙上談兵的制度，全不切實用。他那時的橋藝水準連窺藩籬都談不上，卻喜歡宣揚自己不太通的制度，所以稍有水準的橋手都避著他。他能尋到陪他打牌的，只有同事或朋友，偶爾敷衍敷衍。他認識了我，當然就不肯放鬆，一九六二年夏我轉去紐約哥大的太空研究所，他幾乎每週都來約我，起先只是請吃飯，後來知道我喜歡看武俠小說，就先去唐人街買了最新到的小說雜誌，然後再打電話給我：

「Dr.沈啊，郭靖被騙上了桃花島，和周伯通碰上了……，今天有沒有空，一起吃一頓飯如何？」

諸如此類的話。他知道我不喜歡和他打牌，好在他也志不在此。除了頭一兩次之外，大多數時候，都約在城裡的館子，每次他都講講他的新心得，也希望聽聽我的反應。

我對他的制度興趣不大，但是對他的人，尤其研究制度的精神，卻漸漸欣賞起來。

大凡世界上有大成就的人，除了天賦之外，都經過入迷的階段，必曾「衣帶漸寬終不悔」，才能到「驀然回首，那人卻在燈火闌珊處」的境界，魏君發展他的制度，並不像一般橋手，利用已有的制度，將其改造，而是徹徹底底從頭來起，他對那些各種各樣的或然率，最初眞是用了計算尺一步一步的計算，綜理成厚厚．册筆記，後來知道有兩位法國數學家，已將這些或然率算過，出版過一部書，他乃千方百計託人從法國把那部書找來，靠一本法英字典，硬是一個字一個字的把書上的表讀通，據之而設計他的制度。

這種徹底從頭來起的精神，正是世上萬事能有突破的原因。但是大多數情形，沒有天分的人，這樣做往往就鑽進了牛角尖。

魏君橋藝的天賦並不突出，他的長處，是在能求才、容才、汲取他人長處而並不固執己見。世間成大事業者，由於才賦性格的不同，有春蠶和秋蜂兩種風格，春蠶吐絲，盡其在我，至死而無悔，其成就之大小，在其一己之才力。至於秋蜂，自己並不產蜜，卻懂得四處去採，其最後的成就，就要看他所處的環境和識別花果的才能。在藝文科學方面，成一代宗師者多是春蠶型的，但在經世治國方面，功成名立者多是秋蜂型的。終魏君一生，自己並沒有成爲一流橋手，但他發明了一個風行天下的制度，組織了幾個國際水準的隊伍，造就了一位世界冠軍——他後來的夫人。正是善用他自己之所長。

但是這些還是以後的事。在一九六三、一九六四這兩年間，他求知採蜜的對象，最高亦只能到我而已。而我，對他供應的武俠小說欣賞的程度，遠超過他的制度，對他一次一次打字打得整整齊齊的新作，大多只稍稍翻翻，便置諸高閣。

雖然如此，我們還是交換許多原則性的意見，那時我年少氣盛，講話有時十分直率。我還記得一次在喝了特別的好酒之後的對話：

「你搞制度跟金庸寫武俠一樣。」

「哦？」魏君十分興奮，那時的留學界，金庸被當做神一樣的崇拜。

「金庸寫陳家洛，在山洞裡看南華經，悟出一套武功，出得洞來，就天下無敵，你也差不多。

「不過，陳家洛是在武俠小說，如果在眞實世界，兩招就被人打得頭破血流了。

「所以，你的制度若只要藏諸名山，那就罷了，若要眞用，那就……。」

魏君的興奮已變成嗒然，我把酒一飲而盡，眼睛迷迷濛濛的看著他：

「要不要聽我說？」

「請說請說。」魏君趕快把我的酒杯斟滿。

「好，叫牌的目的是交換情報，作成判斷。判斷要靠經驗，靠個人的橋技，設計制度便是如何最有效的交換情報，應該有幾點了解。

「第一，橋牌桌上有四個人，叫牌的目的是自己交換情報，也要破壞對方交換情報，還要防備對方破壞，也盡力避免給對方情報。設計叫牌制應該有這點基本的『情治觀念』。

「第二，叫牌之後還有打牌，打牌是要把合約打成，叫牌時對叫次數愈多，情報的交換當然愈充分，但合約一完也抬得愈高，高到打不成了，情報交換得再精確也無用，所以設計制度要有『經濟觀念』，叫牌空間不能浪費。

「你現在的制度，細緻是細緻，只是空中樓閣，只想到自己和同伴，沒有考慮到桌上還有另外兩人，他們都不是你的朋友，而且三下兩下，就把合約叫得老高，不必要的高。你的制度，要從基本觀念上改造。」

這樣的交談，不只一次，上面的描述，也並未誇張，我年少氣盛的狂態，魏君並不以爲忤，不但不以爲忤，每次還都認眞考慮我那時高時低的議論。終於，大約在一九六三年冬，魏君把他的制度作了一次根本的改革，將牌分做兩類，一類是單打型的，一類是配合型的，單打型是適合自己主打，也就是有長牌組的，配合型是能配合同伴，當然也適合防守，大致是牌型平均而點數較多的。單打型的牌能吃幾磴叫幾磴，仍符合他原來的自然叫牌構想，但配合型就以1♣、1NT等特約叫品慢慢叫起。這時他的制度已有了日後精準制的雛形，而且也漸漸可以實用了。

一九六四年夏，世界奧林匹克大賽在紐約舉行，我國第一次組隊參加，因爲沒有經費，隊員都是雜湊成軍，臺北的黃光輝，紐約的沈君山，再加上旅日的王吳兩位華僑，是四位基本隊員。毛應拔負擔報名等雜費，是我們的隊長，臨時我在徵得隊長同意後，又邀請魏君做我們的領隊，招待我們比賽期間用餐。這支雜牌軍，最後的成績得到三十餘隊中的第十九名，但在比賽途中，曾以鉅大比數擊敗美國，高倫爲此在體育畫刊(Sports Illustrated)上專文介紹，也算是亞洲地區的橋手，第一次引起國際橋界的注意。

這一次領隊，在魏君的橋藝生命史上，是一個轉捩點。他不但因此認識了光輝，也認識了高倫的總代理 Fry，紐約時報的橋藝專欄作家 Truscott 等橋壇知名之士。後來，他們都成爲魏君發展制度的智囊和公共關係顧問。連精準制(Precision System)這個名字，也是 Fry 建議的。

當然，魏君要和這些知名之士建立關係，討教幾招，也是煞費苦心。數年之後，魏君自己也成爲橋壇名人了，Fry 親口告訴我下面這個故事：

「有一年全國棒球錦標賽（按即 World Series）在紐約舉行，一票難求，C.C.知道我是棒球迷，特地買了兩張黃牛票請我去看。可是在看臺上他根本沒看球，一直在講他的制度。球賽進行到一半，正緊張時，紐約的洋基隊表演一記雙殺(double play)，將對方的跑壘者雙雙出局，我一時興奮，大叫一聲，好一個 double play，你知道 C.C.怎樣反應？

「他愣了一下，『double？哦，double 在這兒當然是 take out！』（橋牌術語，意即要伴叫牌）」

一九六四年秋我離開紐約到美國中西部的普渡大學去教書，沒有再積極參與魏君發展制度的事，但偶因開會等事回到紐約，總會和魏君通個電話。這時精準制已經逐漸定型，也嘗試著在華人橋界推行，大概是一九六七年的秋天，他約了我去參加一個華人的橋聚，那天的貴賓是當時我國的駐聯合國大使劉偕，劉大使的橋伴是一位儀態萬千年約卅許的麗人，我們都爲之眼睛一亮。這位女士便是後來的世界女子橋牌冠軍魏重慶夫人——楊小燕女士，那時她還幾乎完全不會打牌。

魏君告訴我，他準備把精準制介紹到臺灣去，組織一個國際水準的橋隊。那時候，正是我研究工作最吃緊也是興趣最大的時候，橋牌一年難得打一兩次，對他的這番雄心壯志，雖耳熟能詳，並沒太注意。一九六八年冬，我在台灣報紙上讀到臺灣贏了遠東冠軍，還微微的一驚，幾分感慨，眞是有志者「夢」竟成！

然後一個初春的早晨，風雪過後，我正在戶外鏟雪，家人出來叫我，說紐約有長途電話來。

「喂，我是C.C.」

「哦，好久不見，你們贏了遠東冠軍，恭喜恭喜！」

「托福托福，我想請你去打百慕達盃。」

「什麼，什麼盃？」我一時還弄不清楚。

「百慕達盃，橋牌的百慕達盃，我們贏了遠東冠軍，要去打世界冠軍了。」他說。

「哦，什麼時候？」

「五月底，今年五月底。」

「不行，學校還沒放假。」

「只要十天，請個假好了。」

「我沒同伴……」

「沒問題，我幫你找。」

「不行吧……。」

「就這樣了，我會再和你連絡。」

「不行，不行，再考慮考慮……」

魏君已經把電話掛了，再連絡的時候，他已經把第一支參加百慕達盃的中華隊，也是第一支國際橋壇的精準隊組織好，而我也已不容分說的被編爲隊員了。

所謂百慕達盃，相當於足球的世界盃，最初由美國和歐洲冠軍對抗，後來逐漸推廣包括全球各地區的代表，一九六九年一共五個國家有資格參加，衛冕隊義大利、歐洲冠軍法國、北美冠軍美國、南美冠軍巴西和遠東冠軍中華民國，在巴西的里約熱內盧舉行，路遠迢迢，所費不貲，魏君既然率領中華隊得了遠東冠軍，我國橋協就請他全權組隊，經費由他負擔，隊員也由他挑選。黃光輝和戴明芳兩君練習精準制有年，而且早已公認是國內最佳搭檔，是當然的選手，其次魏君就想到了我，最早的精準制旁聽者。他幫我找的橋伴是黃光明。光明是光輝的哥哥，在讀臺大的時候，和弟弟搭檔，曾爲BTU橋社的主將，但出國以後，忙於學業事業，很少參加正式比賽，那時他在貝爾實驗室工作，也硬被魏君說服請了假去爲國效勞。

我們兩人工作地點相距一千哩，而且過去也很少在一起打過牌，既然要去打世界冠軍賽了，總要練習練習。魏君乃替我們安排，週末的星期五我坐飛機到紐約，住在魏家，星期六和星期天的清晨，他開了車帶我去紐澤西州的黃家，練兩天牌，到星期天的晚上，再坐最後一班飛機回普渡。

這樣的去了三個週末，練牌的時間一共不過五六天，就得束裝就道，打世界冠軍去了。但這五六天的練習，頂得過一般五六個月。這五六天，我們完全沒有打牌，所有練習的時間完全花在叫牌上面。每次練習前，魏君先把制度，約定，上次練習時所發生的誤會和其後的了解都整理好，寄給我們。至少我在飛機上就先涉獵一遍。到了練習時，我和光明相對坐定，魏君和他新婚的夫人楊小燕（我們都叫她Katherine

或 Kathy）打橫相陪，幫我們發牌，分別就強梅、高花、無王、竄叫等叫品按序練習，例如，要練習強梅，就在發牌時把四點以下的牌抽去，發出來的牌自然就是強牌了。要練習應付竄叫，就先把一門的八張抽出，等等。每副牌叫完了就檢討，有爭執魏君提出他的意見，等到一個系列叫完，又再整個綜合討論一遍。

這樣一天五六小時的密集叫牌，實在無趣已極，但效果甚宏。後來光明和我在百慕達盃裡的表現，至少叫牌方面，較諸世界一流高手，並不遜色，即有失誤，泰半由於判斷，誤會則絕無僅有。其所以有這樣的效果，說實在話，我們當然多少有點天賦，但魏君應居首功，而其樂觀熱忱和訓練組織的能力，至少和他的制度一樣重要。雖然是光明和我練牌，他花的時間，包括整理、取材等等，要比我們多得多。使我們練習時，每一分鐘都最有效的花在練習上。而且，吃飯也好，旅途也好，只要有機會，就不斷的宣稱；「這樣的制度，這樣的訓練，這樣的智商，……美國佬是絕不夠打的，等著和義大利爭冠軍好了……」，夢話講多了，也會信以為眞，光明和我都是很理性的人，理性的毛病就是常會自我懷疑，我們從未認為眞能在百慕達盃爭一席之地，只是去見習見習。但是魏君如此肯定的幻想，多少也傳染了我們；

認眞的打，也許不見得一定墊底吧！任何競技，氣勢和信心，是得到好成績的必要條件，魏君的信心，後來在百慕達盃，成爲我們忍耐合作，堅持到底最大的支柱。

但是在奇蹟出現之前，還得面臨殘酷的現實。五月初，光輝和明芳從國內飛來，在紐約和我們會齊，略作休息，便一齊飛往巴西，美國隊也和我們同機，非常湊巧，美國隊的隊長傑可貝(O. Jacoby)的座位就排在我旁邊。

傑可貝和克卜生是同時代的人物，在三〇年代就得過世界冠軍了，當他知道我是中國的代表，沒有見過世面，而馬上要被投入龍潭虎穴的土包子時，非常同情。他幫我分析天下大勢，義大利的藍隊，宏霸橋壇已經十年，默契合作，非他隊可及，當然仍是奪標最熱門隊伍，法國隊能奪得第一屆奧林匹克橋賽冠軍，實力不可輕覷，他們個人技術爐火純青，叫牌靈活，弱隊碰到他們最易吃虧。至於美國隊，老傑提起來就得意了，經年征戰，謹嚴潑辣兼具，若論個人技術，臨場經驗，絕不輸給義大利，過去吃虧的就是全隊默契，但是今年他們在選拔出來之後，集訓兩月然後南征北討，在他調訓之下，已是一個整隊，不再如過去只是六個好手了。

所以，他說，我們不必和這三隊碰，應該集中精力對付巴西。巴西隊也是初出茅盧，雖然這一年來請了義大利教練，改用羅馬制，但經驗不夠，「假若你們能冷靜，不要亂，可能會從他們手上爭得幾分，第一次打世界賽嘛，有幾分就不差了。Young man, long way to go, don't be scared.（年輕人，有一段遠路要走，不要膽怯！）」說完，老傑就呼呼大睡去了，留我慢慢的回味最後的這句話。

到達里約，另外兩位生力軍，泰國的國手柯凡(Kovit)和華僑沈錦華也已到了。全隊一共九個人：魏重慶，橋藝制度夢想家，是我們的隊長，全隊的組織者和靈魂。Kathy，魏隊長的新婚夫人，紐約甘乃迪機場醫療中心的護士長，是我們的總管，那時她烹飪和打針的技術，還遠遠超過她的橋技。比賽期間，幾次親手整治的湘菜全席，至今齒頰留香，但是每天早晚給我提神用的強迫兩針，卻也至今難忘。教練沈維泰，大陸易手前是上海橋壇的名手，後來旅居紐約，爲半職業橋手，也是協助魏君發展精準制的智囊之一。再就是六位隊員，光輝和明芳是有訓練的正規軍，柯凡和沈錦華是散兵，光明和我是游勇。爲什麼柯凡們是散兵呢？他們是曾經見過大場面的，都曾代表泰國打過多次國際賽，沈錦華還是上屆百慕達杯泰國的代表，但是兩人從未作過伴，這次我們代表遠東參加百杯，因爲經費不足，魏君只負擔臺灣兩對的旅費，第三對就要費用自理，柯沈兩君有此條件，乃結伴前來。至於我和光明，各打過一次遠東賽，在美國多年，連終身正點手都未當上，稱不上兵，只能算勇——經制曰兵，招募曰勇，我們是未經陣仗招募來的。

到里約後，還有三天才開始比賽，巴西橋協招待各地選手去參觀他們的新都 Brasilia 和阿馬松原始森林，這樣好的機會，當然各隊都去了，唯獨中華隊，隊長命令留在旅館練牌，這三天裡，我和光明一面背制度，一面一副牌一副牌的叫，連旅館門都沒出，這樣臨陣磨槍，世界賽中也是空前絕後，好在我們都是聯考出身，曾經百戰，榕樹下背公式到鈴聲響這套本領，早就訓練有素，現在不過重溫舊夢罷了。

百慕達盃分初賽和決賽兩個階段，初賽打三個循環，每個循環各隊間互賽三十二牌，總共打三八四牌，取最優兩隊，再比一二八牌以決冠軍。

預賽第一場我們就碰到義大利，光輝和明芳在公開室對抗 Belladonna 和 Avarilli，我們在關閉室打 Forquet 和 Garozzo，很多人認爲 Forquet-Garrozzo 是歷史上最強的一對，至少也是最強的三對之一，那時正當盛年，我們和他們打，覺得他們也不怎麼樣，並不常出來搗亂，但就是不讓你佔便宜，而且總讓你吃點不痛不癢的小虧。我們打完出來，覺得悶悶的，跟光輝一比計分，哇，輸了個二十五比負二——那時勝分輸完了還可扣負分，眞是沒面子。這才體會到什麼叫世界級強隊，他們並不要你送八〇〇、一一〇〇，但是處處蠶食，到頭來總把江山食個精光，想想還有三五二牌（當然只考慮預賽），日子眞不好過啊！

下午打了義大利，晚上還要戰美國，晚餐桌上，隊長和教練商議上場人選，決定還是由黃戴黃沈四人再戰。飯後，魏君把我們四人召集在一起說：

「這次百慕達盃，是好是壞，你們四人都將是主力，我看除了義大利外，其他幾隊制度都很稀鬆，沒什麼了不起，放心去打，我對你們絕對有信心！」

我們嘴裡不說，心裡卻直嘀咕，還講什麼制度，挨斬就是了。說也奇怪，晚上對美國，我們的對手是 Hamman 和 Kantar，兩人每人的正點比我和光明加起來還多十倍，他們主打和防守的技巧確是爐火純青，但叫牌似乎總有點猜來猜去。有兩副牌明顯的叫錯了合約，等打完出來一算，我們居然贏十三比七，大出自己意料之外。

這一仗打出了我們的信心，就此一路順風。隊長的調度也頗諳孫子兵法，對美法是臺灣的兩對打全場，對義大利和巴西則泰國對上得多些，我們和光輝們輪流上，完全是上駟對中駟，中駟對下駟的辦法，果然戰略成功，從此對義大利雖是一場不贏，對其他各隊卻是一場不輸。到預賽第二循環打完，各隊積分是：

㈠義大利　一一一分
㈡中國　九十五分
㈢法國　八十二分
㈣美國　五十四分
㈤巴西　四十四分

最後循環，我們雖小輸美國，但大勝法巴，輕輕鬆鬆的以領先第二名二十五勝利序分的成績，奪得了與義大利爭冠軍的決賽權。

決賽時我們的體力已盡，再加上原本技差一籌，終於敗給義大利的藍隊，但此里約一役，永遠成爲世界橋藝史上的奇蹟，從此，世人對中華橋手刮目相看，臺灣也成爲國際橋壇強國。

眞實世界裡的所謂奇蹟，都有現實的原因。現在回想起來，里約的奇蹟，主要是因爲：

第一，橋藝本身是最接近人生的遊戲，因此，也是最具業餘性的遊戲。橋牌是應用腦力分析的競技，但是資訊並不完全，不像圍棋象棋是攤開來下的。橋牌要從有限的資訊中去猜測判斷。其次，犯了錯誤，並不就受懲罰。無論叫牌打牌，常常有好幾條路可走，理論上，最好的路只有一條，但是很多牌，沒有選擇到最佳途徑，也往往可得同樣好的結果。所以，在隊際對抗的橋戲中，懂得中庸之道的橋手，往往就是實際勝算較高的橋手，這和下棋講究「算無遺策」，一有錯誤，報應就到（尤其碰到高手時），頗不相同。還有，橋牌是一副副比的，一副牌出了錯，再嚴重，也不影響下副牌，只要心理保持平衡，以後扳回來的可能很大。一盤圍棋，總共要走一兩百著，著著相關，都是有連續性的。一著錯，滿盤輸，再也挽回不來。所以，若用公開公正精確作標準，圍棋可以說是最完美的遊戲，橋牌則是最人生的遊戲。業餘棋手，一輩子下不贏經過嚴格訓練的專業棋士，但是業餘的橋手，在「適當條件」下，卻可以擊敗技高一籌的職業橋手。

當然，技術也不能相差太遠。在里約，我們的個人技術和比賽經驗，較諸義美法也許稍差一籌，但是「制度」和「性格」把這個差別完全彌補過來。精準制度的特點是強牌用1♣開叫，以後有各種特約詢問，在對手不搗亂的情形下，確也能把牌叫清楚。

一九六九年的時候，精準制尚藉藉無名，也沒有特別設計來反制1♣開叫的搗亂叫品。其次，那時的精準制，完全是魏君一人的頭腦小孩(brain-child)，雖然光輝我們等都對他提過意見，綜其成者還是 C.C.。不像後來有各式各樣的精準，就像同樣的菜名不同的大師傅各憑己意各加作料，味道就不同。尤其光明和我，賽前只練了幾次牌，制度上只有完全聽 C.C.的，其後就靠自己的推理和想像，非常單純。

且舉一牌爲例說明：

北

♠ A J 10 9
♡ A K Q J 7 5
◇ A 5 2
♣ ——

西

♠ K 8 7 3
♡ 10 9 6 4
◇ 9
♣ J 9 8 4

東

♠ Q 6 5
♡ 3
◇ J 8 6
♣ A K Q 6 5 3

南

♠ 4 2
♡ 8 2
◇ K Q 10 7 4 3
♣ 10 7 2

雙方有身價，西家開牌：

東	南 （光明）	西	北 （君山）
		——	1♣
2♣	2◇	3♣	4♣
——	4◇	——	5♣
——	6◇	——	7◇
——	——		

二

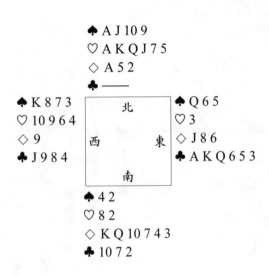

現在看看，我若拿了北家牌，打自然制在2♣或1♡之間，能叫到小滿貫就很滿意了，搞不好停在成局也有可能。

第三個原因，是隊長和隊員間的關係，也可以說團隊精神和團隊力量。因爲這個「適當條件」，我們乃能在預賽中擊敗美法。我後來常說，中華隊在巴西的成功，C.C.隊長之功大於C.C.制度之功。對於這樣的讚譽，魏君並不能衷心接受，每微微搖首顰眉咕嚕一番，他是寧願他的制度更好。但這是眞心話，那時我們都還年輕，沒有職業橋手的經驗，但也沒有職業橋手的自大。C.C.口訥訥若不能言，分析牌局細節亦常不中，但大局觀相當淸楚。賽前一切準備安排妥當，賽時則善用隊員之所長。因此整隊而言，中華隊絕對是與賽各隊中最團結合作的。

但這並不表示完全沒有問題。第一，我們有泰國對，他們是客軍，自費前來，雖然表現不甚理想，也不能不安排他們上場，而且還要安排得不傷他們感情。關於這點，魏君完全交由沈維泰教練負責。其次，就是我，Kathy——那時是我們的管理——到現在還常說我是她遇見最頭痛的隊員。平常我總是笑嘻嘻的，別人說什麼也不生氣，脾氣好得很。但是一坐到正式比賽的橋桌上，就像刺蝟把刺張開了，愈是認真，刺張得愈開，誰也不能碰一下。往好裡說，這是鬥志強烈，確實，愈是緊張的比賽，強烈的鬥志愈重要，可以彌補許多弱點，贏得意外的勝利。但橋牌是兩人合作的，是有同伴的。伴既然是人，總難十全十美，而且也有人的感情反應。去里約的時候，我只有三十幾歲，記性好，反應快，一副牌打完，張張記得，同伴的毛病，也清清楚楚。

而我是全力以赴的——自己也知道，一生可能只打這一次百慕達盃——像一張拉緊弦的弓，責備自己，也責備同伴，到了吹毛求疵的地步。我的同伴，是一個很識大體的人，但是對我這樣的神經質，也難忍受。魏君夫婦花在我們這一對（主要是我）身上的心力，比光輝們要多上十倍。

當年情景，猶歷歷在目。那時我還很清瘦，晨起先挨兩針，——Kathy說是維他命，但到今天我還懷疑可能別有玄機。中午過後，就到賽場坐定，一襲長衫，仙風道骨，口含人參（當時駐巴西的大使沈怡先生送的）手捧茶碗，這樣一直鬥智到晚上十二時許，開始時Kathy和C.C.多半坐在身後觀戰督軍。過不了多久，Kathy受不了賽場緊張的氣氛，說句：「Can not stand it.」（受不了！）就退到外面的起坐室繡枕頭去了——她向每位與賽的橋手，都要了他們的簽名，華洋雜陳，將之繡在一個枕頭套上。這個枕頭套，Kathy告訴我，她至今還保存著。——C.C.則始終不動，只在我一時激動時，輕輕拍拍我的肩。

比賽的場地，是里約一家高級鄉村俱樂部，後面有一個小小的被遺忘了的花園。前面熱鬧，花園裡卻是靜悄悄的，靠牆兩株大樹，南半球的五月，已是秋末，花早謝盡，落葉卻積得厚厚，偶有一片兩片後凋的，留留戀戀的飄落下來。比賽期間，休息或輪空時，魏君常和我相偕來此，幫助我放鬆拉緊了的心情。總只有我們兩人，踏著落葉喳喳的聲音，我絮絮的訴說剛剛比賽桌上的種種委屈，魏君多半只是靜聽，偶爾解說幾句五十幾歲曾經憂患者的哲理，那些不是那時的我能夠體會。但不打緊，訴說完了，氣也消了，下一場牌，又可以上去拚命了。

到那個花園去了十幾次，最後一次，是決賽完畢，賦歸的前夕，我一個人去的，拾了一片落葉，夾在橋書裡，至今尚保留著。

里約之役，對我而言，是一個美麗的夢，夢醒之後，留下一個美麗的回憶——我還是回到與橋牌無關的世界去了。但是對C.C.而言，那是一個更偉大的夢的開始。

一戰成名，從此橋壇對精準制刮目相看，魏君也不再是吳下阿蒙，他充分發揮其組織的長才，數年之內，國際橋壇知名之士，泰半歸入麾下。英國的 Reese-Flint，義大利的藍隊，皆改打精準，在美國他又組織了一批年輕橋手成立精準隊，七○年代末期起屢奪美國各種比賽冠軍，那一段時期，凡打橋牌者，從國際名手到村里老嫗，無不知 C.C. Wei 之名，而 Precision 風行一時，一九七六年的奧林匹克橋賽，竟有三分之一以上的隊伍，用的是精準制，更得意的，Kathy——C.C.推廣精準制最得力的助手，日與諸名手爲伴爲伍，漸漸自己也成爲一流的女橋手，在八○年代初期，贏得世界論對和論隊比賽的冠軍。

我自己後來在 C.C.的贊助下，和沈維泰在一九七○和一九七一兩年參加了法國都佛的世界名人賽，分獲第三第四，一九七二年又再代表國家參加了一次奧林匹克橋賽，得到第五。一九七三年回國到清華任教，兼任行政職務，漸漸脫離橋壇。最後一次看見 C.C.，是在一九八一年臺北舉行的遠東橋賽，他和 Kathy 率領幾位美國名手來臺試驗電腦橋牌，但這一次嘗試，卻並不成功。去年九月我在邁阿密，遇見 Kathy，她告訴我，C.C.最近身體不太好，已不再在比賽場合出現了，希望我過紐約時，去看看他。我當然答應了，不料此諾永不能實現矣！

前年非常偶然的重新參加橋壇的比賽，不料不小心的一路贏下去，先得了中華隊的代表權，又奪回睽違已久的遠東冠軍，十八年後，似乎又要去打百慕達盃了。期望得到的得不到，不期望得到的，卻又偏偏送上門來，世事往往如此。

我有一個習慣，在國外旅遊的時候，常給自己寫些風景明信片，藉著明信片，把當地的風景人物，寄給自己。歸國之後，明信片陸續到達，置諸篋間，若干時後，重新翻閱，亦能得故地重遊之樂。

遠東賽期間，就曾從檳榔嶼寄回些明信片，其中兩張是一樣的：臨海一片懸崖，崖上有人遠眺，崖下一泓沙灘，灘上足印二三。遠處蕩漾著一隻無人的孤舟，夕陽一抹，更在舟影外。

一張的反面，寫著：

此生泛若不繫舟，

夕陽影裡沙上痕。

這是用莊子「無能者無所求，蔬食而遨遊，泛若不繫之舟」的典故，正是對過去的一些感嘆。

另一張的反面，寫著：

夕陽雖餘暉，
古原路崎嶇。
黃昏處處好，
何必苦登臨。

這是和李義山那首著名的五言古詩：

向晚意不適，
驅車登古原。
夕陽無限好，
只是近黃昏。

正是對未來的猶豫。年逾知命，俗務纏身，再要去打百慕達盃，三分猶豫，七分惶恐，竟沒有一分欣喜之情。

遠東賽歸來不久，就得悉 C.C.的噩耗，回首前塵，往事如夢，乃羅縷紀存。奠之以文，附錄於後。

附錄：

祭魏重慶先生

蘇子瞻哀賈誼之不遇早夭，嘗曰：「非才之難，所以自用者實難。」誠然，然互用尤難。此世之所以稱伯樂千里馬，以其際遇之不易也。使驥不得伯樂，固難展千里之足，伯樂無驥，亦焉能得名天下。余與先生識於橋，君山觸類能通，然興趣過廣，復逸豫自適，才或有餘，而未能為能。先生見微知幾，識人能容，孜孜矻矻，鍥而不捨，化才為能優而為之。余識先生於始軔之時，若相契合，與光輝等輔弼左右，共創里約奇蹟。從此先生立功立名，建立精準王國，卒遂初志。而君山亦得一度躋身世界名手之列，微先生何能臻此，橋雖小道，亦可見著，感懷知己，不能自已。

里約至今，十八年矣，一十八年如電抹，霜餘遂失長淮闊。埋骨異域，羈魂無伴，風雨晨昏，未知尚有誰聽先生說制度否？而君山亦已視茫茫而髮蒼蒼，老驥伏櫪，早無千里之志，而尚有千里之約。今秋再赴牙買加為中華效命百盃，前途多艱，花園踏葉，如影歷歷，今已不可復得，當年舊侶，亦皆垂垂老矣。先生在天之靈，知否知否？有以相教相助者否？

隔海遙祭，羊山曠渺，窆穴何處，亦不得知。然精誠所至，先生必能識之也。

（原載一九八七年六月（三一八期）及九月（三二一期）《中國橋藝》）

橋遊散記

前言

七〇年代我曾數次代表台灣參加國際橋賽，賽地附近多風景古蹟勝地，橋賽前後，每順道往遊，歸國後報導賽事過程，也每間雜以遊記，所選兩則，一是一九七六年的世界奧林匹克橋賽，在歐洲蒙地卡羅舉行，一是一九七七年的遠東橋賽，在印度的新德里舉行。

與世無爭的蒙地卡羅

蒙地卡羅是摩納哥(Monaco)的首府。摩納哥位在地中海邊法義兩國交界之處（和北非的摩洛哥 Morocco 是兩個國家），國境三百五十餘英畝，也就只有蒙地卡羅一城而已。蒙城以賭聞名，當年是王孫貴胄悠遊的樂園，今日則是阿拉伯酋長豪賭的天堂。相傳去秋來了三位石油王國的貴客，一夕之間輸去兩百萬美金談笑而回。統治摩國的是王子藍尼爾三世，王妃便是鼎鼎大名的葛麗絲凱利，現已年近五十，蒙城中到處都掛有她的像，典雅秀麗，依然如昔。摩納哥建國於十三世紀，小國寡民與世無爭，太太平平的享祀了六百餘年，其他轟轟烈烈的皇朝，早不知幾番興亡。

蒙地卡羅近郊勝地甚多，向東不遠，便是隆河(Rhone)的入海處，上有古渡，相傳漢尼拔曾率大軍在此強渡。漢尼拔這位古迦太基的悲劇英雄，命運有點像我國的項羽，只是比項羽更令人同情，公元前兩百多年，閃族的迦太基和印歐族的羅馬兩個位於地中海兩岸，傳統、文化和立國基礎都極不能相容的國家，互相爭霸，漢尼拔是名將之子，從小渡海去西班牙，訓練籌劃，立志要爲祖國消滅日益壯大的對頭羅馬，

▲一九七六年代表我國參加國際橋牌賽，攝於蒙地卡羅

二十八歲就率了五萬大軍翻過冰雪積滿亙古無人跨越的阿爾卑斯山，在義大利半島橫行了十六年，百戰百勝，但是勝不了異國的民心。十六年後羅馬圍魏救趙，渡海攻迦太基，漢尼拔兼程趕返，師老兵疲，撒馬一役全軍覆沒，隻身逃往東方的小亞細亞，效申包胥之哭秦廷，在諸國間流浪，希望能借兵復國，但斯時羅馬聲威正盛，小亞細亞的那些國家既無心也無力來與羅馬爲敵，反把漢尼拔看做帶來麻煩的禍水。一代名將，窮途末路，就在他五十六歲那年，西向夕陽，遙望他所熱愛但已成孤城的迦太基服毒自殺了。

在蒙地卡羅城北七哩處另有一座甚負盛名的古堡，名叫Eze，背山而建，下臨地中海，哥德式的宮殿建築矗立在百來丈的懸崖上，種了花草的陽臺從懸崖邊直伸出去，大理石圍成的欄杆上雕滿了古代皇室的象徵，只是幾百年來風吹雨打，多已磨滅不可辨識，憑欄極目，煙霞蒼茫，海天一色，胸中煩囂爲之滌盡。

像這樣的古城堡，歐洲很多，沿多瑙河兩岸，山林間比比皆是，都是中古封建時代的遺跡，公元九世紀查里曼大帝死後，他一手建立的神聖羅馬帝國日趨衰微，各地諸侯割據，互相攻伐，他們以城堡爲中心，佃農們在周圍城主所屬的土地上耕作，一遇警訊便避入城堡，深溝高壘，急切間再強的敵人也攻不下來。城主以下地位最高者是騎士，重然諾輕生死，但是目不識丁，貴族男子從小就騎馬弄盾，讀書識字是沒有志氣的事，只有僧侶爲了記帳讀經不得不爾。老百姓安分守己，遵循教義上簡單的訓誡，把知識上道德上的大問題都留給關在僧院裡皓首窮經的僧侶去煩心，歷史停滯不前，好像永遠不會再變動，但是，紙張發明了，知識不再爲僧侶專利；火藥發明了，武士和城堡不再能抵擋一切；交通發達起來，會動腦筋的商人的地位漸漸超過不事生產的城主，歷史的巨輪終於把這個時代推進過去的陰影裡，只剩下古色古香的古堡任人憑弔。

十四年前我初度遊歐時，曾來 Eze 古堡一遊，想不到十四年後爲了賽牌又來蒙地卡羅，經過頭兩天的混亂，心情漸定，隊友郭哲宏君從香港趕到，我們多了一名生力軍，可以輪流休息，成績也漸見好轉，趁著輪休一場的空間，再訪古堡。當年與伊人同遊，消磨了一個傍晚，此番重來也已黃昏，金烏早墜，遊人漸稀，獨倚玉欄，遙望漁火，銀漢無聲，暗香襲人。百丈下，碧波湧起，載了蕩漾月影、拂過嶙岩，濺起點點浪花，水中月影便碎成片片，想百年來多少王孫佳人在此海誓山盟，俱往矣，只那癡心水月年年還來相訪。回首望去，賭城風光正好，玉樹銀花，魚龍飛舞。仰視點點繁星，玉繩低轉，流年偷換，棖觸間，忽興遐想，想那天上星星，看得清楚的也只千餘顆，迷濛一片中若有若無的卻何只百千億萬，他們從太空的雲氣中，凝聚而生照耀寰宇，瞬息間氫氣燒盡又黯然消逝，正如海中湧起的泡沫，只是偶然一時散去，再無痕跡，又何嘗有什麼意志？何曾有什麼安排？我們的太陽不過是大千世界千千萬萬星星中平凡的一顆，天上閃爍的星星，有的比太陽還要老上幾千萬年，那些星星附近的生命，比我們也要進步幾千萬年，不知在那遙遠的天邊，可也曾仰望長空念天地之悠悠？其實若自微處觀之，山海草木都不過滄海之一粟，若自大處觀之，我能思能想，宇宙變化皆在心頭，又何嘗不可傲視大塊？人生來此天地，便已是自然的一環，正當俯仰自如，盡我做人的道理，「回首向來蕭瑟處，也無風雨也無晴」，便是此意，「終日尋春不見春，芒鞋踏破嶺頭雲，歸來悄然梅花嗅，春在枝頭已十分」，春在心頭便是有春，又何必執著於大小久暫？

夜遊達姬瑪哈

遠東橋賽是亞洲橋賽的前身，每年舉行一次，一九七七年春在印度德里舉行，比賽進行到一半，主辦當局安排全體橋友去遊覽距德里約兩百公里的達姬瑪哈。達姬瑪哈是十六世紀一位印度王后的墓，號稱世界七大奇觀之一。我們預定二時出發，可是擾攘到將近三點才動身。印度是一個古老國家，人民悠悠閒閒，西方人譏誚他們沒有效率，但是他們過他們自己的日子，也有一套哲學理論：「時間是永恆的，像恆河的水，永遠的流，只有傻瓜才把它分成一段一段，一定要在一段裡做完一定的事。」

離開德里以後，汽車在國道上疾駛。忽然一個緊急煞車，車慢了下來，終於完全停住。一個白灰色的影子，悠悠的從路旁晃出來，在路當中搖擺了一會，再悠悠的走過另外一邊，原來是條牛，是條白牛。印度人很尊敬他們的牛，牛也是悠悠閒閒的。

再開不久，車子又停下來，原來進入另一州境，需要繳入境稅。稅吏的官廳是路旁的一座茅舍，茅舍在，可是吏不在。據說是喝下午茶去了，於是我們的車，我們後面的車，我們後面的車的後面的車，全停了下來，停成一串，司機們下了車聚在一塊，蹲下來悠閒的聊天。好一陣，稅吏晃晃的走來，兩手合起，豎在胸前，以拜佛的姿態和大家打了個招呼，招呼的姿態是很優雅的。

晚上八時多，我們終於到了目的地阿格拉大旅館。旅舍很高貴堂皇，一位穿著印度紗籠的女士站在門口歡迎，替我們每人戴上一支大花環。可是天都黑了，怎麼去達姬瑪哈呢？導遊說：不要急，天黑了，月亮會昇起來，月亮下的達姬瑪哈才真美呢。

因此，大家都不急，酒酣飯飽之後，十點多鐘才去夜訪達姬瑪哈，瑪哈是梵文宮殿的意思。背負著一條浩瀚的河，三面庭園，由宮牆圍著，佔地約百甲。我們先沿著宮牆走，黑黝黝的，一個轉折，穿過正門，才進入庭園，視界驀然的一變；瑪哈遙遙的浮在那裡。大理石的殿堂，圓圓的拱頂，浴在月光下。銀白色的月光，銀白色的殿堂，連天也是銀白色的，全溶在一塊。莊嚴、嫵媚，可望而不可即，朦朦朧朧的一片。達姬瑪哈是動員兩萬奴工，造了二十年才造成的。全部用純白透明的大理石。殿堂內部，每塊大理石上都雕了花草鳥獸；卻不只是雕，是磡，把大理石按著圖案雕空了，再用配好了顏色的瑪瑙、寶玉嵌進去，精緻生動如鬼斧神工。但是達姬最美的還是那建築本身，埃及的金字塔，巴黎的凡爾賽宮，希臘的雅典娜神廟，秘魯的印加皇宮，雄偉典雅，各擅勝場，和白天的達姬，可相倫比；但是浸浴在月光下的達姬，便和它們都不同了，達姬是女性的，四週庭園的佈置，護柱的設計，都襯托出瑪哈的雍容華貴。月光灑下來，整個達姬瑪哈便似有了生命，如下凡的仙子，綽約嫵媚令人不敢逼視。

建築達姬瑪哈的故事，幾乎和瑪哈本身一樣的美。十五世紀帖木爾的子孫侵入印度，建立了回教皇朝，三傳而至薩將，薩將原非嫡出，娶了國舅的女兒——就是後來的達姬——才得勢，婚後宮廷爭權，東征西討，兩人形影不離，患難中更增恩愛。結褵十七年，生了十四位子女。生最後一位王子時，達姬難產去世。此後薩將即未再娶，窮舉國之力，歷二十餘載，遍延名匠，親自策劃，築成了紀念愛妻的達姬瑪哈。墓成之後，每逢亡妻的忌辰，便攜了長公主——達姬易簀之際，在病榻前叮囑長女，代她照顧老父，這位長公主遵母遺命，便終身未嫁——來朝祭。達姬的

◀一九七七年代表我國參加遠東橋賽，攝於印度泰姬陵前

忌日也是當時一年一度的大典，全國各地的王子大將，都騎了寶象駿馬，先期聚集列陣宮牆之外。薄暮時分，大帝緩緩而來，向諸侯略表謝意，便和長公主兩人進入庭園。據長公主後來的描述：每次父王總要先撫摸遺棺，痛慟一番，然後依棺向她娓娓的道述當年夫婦兩人共同奮鬥患難恩愛的事情，直到玉兔東上，月光從雕縫中漏灑下來——當時印度用的是太陰曆，達姬的忌

辰正在月圓──父王才由她服侍著在簡陋的廂房裡就寢，陪伴愛妻度過一夕。次晨，祭拜之後，方才離去。

薩將的晚年是很悽哀的，築完白色的后墓之後，他原擬在河的對岸再造座一模一樣，用黑色大理石砌成的皇墓，但是一座瑪哈已使國庫財盡，民怨沸騰。老皇失去民心後，諸子爭權，戍守南疆的三王子率兵回朝，擊敗統率御林軍的太子，強奪大統，又將父皇囚於達姬瑪哈隔河相對的阿格拉堡，從此與外界斷絕音訊，只靠長公主的服侍，度其餘年。每每遙望昭陽，更增相思。

十一年後，老皇駕崩，其子不爲他築墓，只用一具式樣完全一樣而形狀略大的玉棺，葬父皇於母后之側，從此朝朝暮暮，薩將與達姬不再分離，也算是遂其遺志了。

在印度的十天，留給我很深的印象，她是一個滯留在時代後面的國家。古代的文明社會，大概都包括兩個階層：一個是由奴隸或賤民組成，勞力而治於人；另外一個是少數優裕而不必爲生活繁忙的，稱做「公民」、「士」，或者其他好聽名稱的階層。這個階層中的睿智之士便在悠閒的沉思中孕育出文明的花朵。那時的智識是專屬品，是幫助思想的，而不是幫助生產的。佔了人口大多數的低層人民胼手胝足的工作，樂歲終身苦，凶年不免身於死亡，用今日民主均富的眼光來看，當然是極不公平的。但是原始生產技術，要好幾雙生產的手，才能供養一個思想的頭腦。古代世界偉大的文明，都是這樣才能孕育出來（但是除了中國，因爲考試制度的幫助，可以寒門及第外，其他都是代代相傳，除非戰爭，幾乎沒有辦法跳出自己的階層）。

直到機器的發明，才改變了歷史，它代替了手。思想的頭腦不再必須用奴役的勞力來供養，人不必再騎在自己頭上來發展自己。平等均富的概念不再只是理想，才能被普遍的接受。

但是社會的結構，和人的價值觀，卻不是一天就改得過來的，愈是有傳統有文化的社會，改變愈是困難。

印度這個古老的國家，歷經異族入侵統治，它的宗教、種族、階級都最複雜，傳統的劃分也是最根深柢固。在德里的老城或阿格拉的鄉下，遍地都是貧窮髒亂的破爛矮小的帳篷，密密的搭在一起，黝黑瘦削的男男女女，滿臉菜色，三三兩兩的蹲在地上；而在那破落的一區中忽然矗起達姬瑪哈這樣美絕人間的優雅宮殿，更似是污泥中昇起的蓮花。

餘音

「做我所能，愛我所做」
——中風後與許倬雲先生對談

（記錄、整理／楊湘鈞、郭乃日）

這次對談，由聯合報及中華電視公司主辦，以「殘障中站起來」為對談主題，對談者之一中央研究院許倬雲院士是一位克服肢障、堅韌卓然的知名學者，本書作者前清華大學校長沈君山是擺脫中風、在癱瘓中重新站起的翩翩學者。他們均以自己深刻的人生經歷暢談如何超越身體障礙，當天除了來自各界的來賓外，聯合報張作錦社長及華視周蓉生總經理也親臨與會並致詞；而主持人中央研究院院士楊國樞穿針引線，帶動整個會場熱烈的討論。

——編者

楊國樞（主持人，以下簡稱楊）：剛才在休息室時，沈校長說他中風導致行動不便，可謂「後進」，許院士則立刻回應沈校長是「後來居上」，可見兩位對肢體不便的樂觀態度。一位是先天的殘障，另一位是六十多歲以後才肢體不便，不同的原因，在不同的人生階段，卻產生相類似的問題，由他們兩位來進行對談，可以說是很特別的。他們兩人在這段不便的人生旅途上，曾遭逢過什麼樣的困難，又是如何克服，相信是大家最想知道的事。

許院士的學術專長在歷史學，最近才從美國匹茲堡大學歷史系教授一職退休；沈校長的本行則是物理，也是位天文學家。表面看來，他們兩人除了在學術方面均有卓越表現外，似無共同的特點；當然，目前的共同特點又多了項肢體不便。

但更重要也並不爲外人知的共同點在於，兩人均不因爲身體的不便而有所退縮、自閉，或是自怨自憐。許院士在上古史的成就有目共睹，不僅如此，他還熱切關注社會人文，針砭國家大事，善盡知識分子建言之職責，絲毫不計個人毀譽，誠可謂知識分子的典範；沈校長不只於大學校務頗有建樹，對於社會、兩岸議題亦有深入研究，即使中風後仍不改殷殷關切之心。換言之，兩位更有著超越個人，關懷人間事、社會事、國家事的胸懷。他們在心智、心理、精神上的開放、豁達，應可給社會大衆帶來相當的啓發。

這場對話的進行方式，將先由兩位談談其肢體不便的經歷，以及如何調適，思想上又是如何的轉變。兩位各自發言後，再進行對談，並隨時回應對方的談話。

許倬雲（以下簡稱許）：沈校長前些天打電話給我說要進行這場對談，我認爲是一次很好的殘障經驗交流機會，便應允參與。

天生肢殘如陷泥淖，愈努力就愈有希望

我的肢體殘障是與生俱來的，與沈校長不太一樣。我的處境可以說是從深陷的泥坑中一步一步的往上爬，只要愈努力就愈有希望；反觀沈校長，他像是一隻雲中的彩鳳，突然從雲端掉下來，得要很大的毅力才能克服這突如其來的阻礙。所以，我非常欽佩沈校長在中風後，仍能樂觀的迎向未來。

既然上蒼從我出生開始就給了我肢體上的不便，這也使得我不須立志，也沒有所謂復健時間表或捷徑，因爲現實逼使我非克服不可。鉛筆掉下來，我就一定得想出辦法撿起來；我小時候正逢抗戰時期，那時根本沒辦法擁有輪椅，要行動，就得坐在自製的小竹板凳上一寸一寸的往前挪。即使爾後成了家也是一般，遭逢生活上不便，就只能靠自己想辦法改善，身邊抓到什麼工具就想辦法利用，沒法利用就想辦法改進。

這樣的生活環境雖然不便，卻也讓我有所領悟，懸個太高的目標，對自己不見得有好處；但若不懸目標，卻又動彈不得。因此，只要我在兩者之間有所取捨，總

會有成果。

感謝家人朋友幫忙，會被誤解不再計較

我要藉此機會，表達我對家人最深的感激；我也想告訴各位，在我的人生路上，幫我忙的朋友多過跟我過不去的。因爲家人、好友的支持，才讓我走得了路、拿得起東西。像楊院士、張社長都是老友，他們扶我已扶得有很經驗，我需要幫忙時也不必跟他們客氣。但有些不太熟或不太了解我行動習慣的朋友，常常很熱心的要扶持我，卻扶錯了邊或不得其法，反而使得我行動不太方便。我常會以「請給我空間」，意思是請給我「挪動的空間」加以婉謝，卻讓人誤以爲我拒絕別人好意。像我曾對想幫助我的梁實秋先生說「請給我空間」，可能就因此使梁先生誤會了，再加上有些人的加油加醬，而傳成我拒絕梁先生的好意。對於部分人士的誤解，我也不想去計較了。

在我卅五歲到六十歲時，可說是我體能不斷進步的階段，六十歲以後就感覺到體能已逐步下降，但我從不自怨自艾。所以，若有朝一日我「回老家」了，讓我能

夠早點休息，那也不見得不好；「大去」這詞對我而言，並不會特別去排斥。別人看我或許會覺得我很不幸，但我卻並不覺得，因爲我心底早有準備。

赴美留學接受手術，住院看盡人間眞愛

我廿七歲那年遠赴美國留學，並接受學校醫師的身體檢查，我喜出望外，因爲從小到大因多處戰時，一直沒有醫療的機會。檢查後醫師決定讓我做「研究病人」，得長期住在醫院內，一切需要則由醫院供給。手術安排在聖誕節的前一晚，由美國骨科醫學會會長親自爲我動刀。我永遠記得他在動刀前對我講的話：「我的手是上帝給我的，祂要經我的手給你治療，祂要治好你幾分就會治好你幾分，上帝的決定是什麼，我不知道。」我說我接受，然後我們就一起禱告。

在治療的五年期間，我大半時間得待在醫院，因而得以遇見到各式各樣的傷殘人士，那時我就感覺，我經歷過的痛苦比有些人經歷過的輕多了。有個罹患血癌的小朋友，看似健康活潑的入院，不到三個月就被抬了出去；也有「永遠長不大」的「孩子」，還有弱智小孩等等，因爲這間醫院是所專門治療不同傷病患者的醫院。

如果我們只會視傷殘爲災害，那我在醫院所見所聞豈不是人間地獄？然而，我卻看到了人間眞愛的交流——那個罹患血癌的小朋友，一直到過世前一天，還在將他的書本逐一分送其他傷童；那個「永遠長不大」的「孩子」，也一直在尋找他的愛情。這些人間心、靈的交流，並未因爲他們肢體的傷殘而有所停頓。這所醫院絕不是人間地獄。

身智心德四重傷殘，道德殘缺傷害最大

在這個世上，有些人比我聰明、漂亮、強健，但卻多有著或大或小的問題。就像我的雙胞胎弟弟，天資聰穎、身心發展健全，晚近才發現有心臟方面的缺陷，不像我的缺陷早早就爲人所知了。

因此，我願將傷殘分成四重看待，除了上述來自身體、肢體的缺憾以外，人們還有著智能上的傷殘，例如弱智者或因種種原因喪失智能者，我以爲智能上的傷殘恐怕比肢體上的傷殘更爲痛苦。

更進一重，則是心理上的傷殘，包括貪、嗔、慾、怨、恨等，都是造成人們心

理傷殘的原因。心理傷殘者看世界，永遠是扭曲的、歪斜的，極易形塑自我的「自殘世界」。我相信身在此中者會比我更痛苦萬分。

如果人們不能克服心理上的傷殘，則將進入道德上的殘缺，以傷害人爲樂，以侵害他人爲目的，屆時只有害了別人、損毀社會，講得難聽點，這些道德殘缺者根本就已經「不是人」；講得和緩點，他們是「不會做人」。

分析身體、智力、心理、道德這四重傷殘，我的肢體傷殘可說是最輕的一級，也最容易得到他人的幫助。所以，我並不怨恨，也無須怨恨，因爲我已獲得了許多別人得不到的恩寵。

中風就醫得到教訓——「不要在假日生病」

沈君山（以下簡稱沈）：我去年中風後，許院士從美國匹茲堡打了廿分鐘電話給我，教我「如何摔跤」，摔跤後要怎麼倒地、怎麼爬起來。我當時還很納悶，摔就摔下去了，還來得及想嗎？許院士教我這幹嘛。後來我果眞摔了一跤，因爲事先想過，竟有直覺的反應，保護了頭部，許院士教我的還眞有點用呢！

我是「半路出家」肢體不便的，像我這樣的人很多。我是在一個禮拜五的晚上發病，當時並沒有特別注意。到了禮拜六的下午進了台大，隨後就被人往急診室一放。當時手腳都動得很自在，並不知道事情的嚴重性；那時也有朋友叫我找院長或副院長，心想不好意思爲了小事打電話麻煩人家，就沒有找朋友「關照」。當天晚上有個小醫師來看，說不知是腦血管栓塞還是溢血，要觀察，叫我躺著。

直到第二天下午才有個神經科的大醫師來看診，看過以後，才開始緊急療治，但已在急診室躺了24小時。

一周後病情穩定了，對病人相當好的復健科資深醫師連倚南來會診，所謂資深醫師就是看診時後頭會跟著一群按照資歷排的醫師，我發現那名小醫師排在最後頭。連醫師看了我之後，就問當天是誰看的，小醫師在最後頭舉手說是「我」，並告知連醫師我當時手腳都還能怎麼動。只見連醫師朝那個小醫師瞪了一眼，說「怎麼現在都不能動呀」，後來那小醫師從此就「不見了」。我從中風的就診經驗得到的教訓是，不要在假日生病。

▲2000 年台北，沈君山與許倬雲在華視對談克服殘障

手腳能力逐漸消失，不願造成家人負擔

在急診室的那一晚，心情是很可怕的，因爲可以明顯的感覺到手、腳的能

力愈來愈差，講話也愈來愈不方便。生命正一點一滴的從身上流逝出去。那時我曾想到生死的問題。平常我總以理性的態度思考問題，也幾次主持參與和醫師心理學家一起討論生死的問題，但那時是以一個學者的身分，看一大堆統計數字，超脫悠然的討論，現在卻是一個病患，自己是統計數字中的「唯一」，沒了就沒了。從群體的角度，個人的生死是整體生命延續的一個過程，但身歷其境，沒了就沒了，一切都沒了，思考的角度是很不一樣的。

當時，眼看著自己手腳的能力逐漸消失，不由得讓我思量以後該如何因應中風後的種種不便。我一貫的人生觀點是「量才適性、終生不憂、守眞取樸、終生不辱」。也就是不貪欲、不強求。因爲上蒼待我不薄，有足夠的才能盡我的責任，行有餘力，也能追求享受自己的人生，中風以後，確如倬雲所說，從雲端陷入泥淖，想到生死一時也不知最後會怎樣，躺在床上想，得出三點考量。一、爾後自己的生活還要能愉快。二、對家人不致構成太大的負擔，尤其是精神面的負擔。三、對社會還有些用處，如果自己已對社會無用，活著也不會太愉快。如果能達到上述三個條件，生命也才有意義。否則不如痛快的「回老家」。現在翻閱病中留下來的札記，很驚訝當時能這樣清醒冷靜的分析。

做我所能愛我所做，和薛西弗斯不一樣

二周後，我開始進行復健，包括身體與心理。身體上我是從「成本效益」考量，因爲我中風時已六十七歲，如果我整天進行復健，反而沒辦法做些有意義的事。因此，我現在每天進行約一個鐘頭的復健，爬九層樓，在天台上走個十幾圈。但其餘時間，我仍能做些想做的事。從醫生的角度看，不是一個理想的病人，但生也有涯，我到六十幾歲才中風，如果是卅七歲中風，或許就會有不同的復健計畫。

至於心理復健方面，最初幾週，起伏非常大，那時住在台大醫院舊大樓的復健病房，每天看到平常會認爲「奇形怪狀」的病人，而自己竟是其中一員。晚上會聽見各種各樣的聲音，午夜過後，例必聽到一聲接著一聲的長嚎，是一位卅一歲開始終身癱瘓的病患，在埋怨上蒼對他的不公。那一段時間確實很可怕，因爲知道自己不會死了，但會不會有用呢？是不是過去六十七年上蒼對我太優遇，現在要收點利息回去？那時也想到這些念頭都出來過。但我終究是理性樂觀的，想到前面提到的

三點考量，這樣考驗一下也好，不行的話就「回老家」。

我第一次離開醫院是回清大主持籌備科技管理學院的諮詢委員會議，當時離發病還不到兩週。醫生原是不准的，劉校長幫我吹噓了一下，才得去新竹，還帶了輪椅、護士、瓶瓶罐罐。

那次會議開了三個半小時，中間有獻花，從前我做校長時，一位想盡方法「制衡校方」的反對派領袖女教授，還有一位特別盡職報導校園色狼新聞的女記者，都抱了花來獻給我，使我感到人情溫暖，會開完了，諮詢委員刁院士錦寰拍著我肩膀說：「老沈越開越有精神，那像個病人！」當時心中的喜悅，就像蹣跚走出第一步受到誇獎的小孩。一年半過去，此情此景如在目前，而科管學院已經開始招生，當時的諮詢委員張忠謀還捐了一億五仟萬成立台積電館，我也積極參加了更多的活動。院、人一齊跨出了第一步，以後還眞走得不錯。我現在的人生態度是，延續量才適性的想法，「做我所能、愛我所做」。這與希臘神話中得罪天神、每天必得推著巨石上山的巨人薛西弗斯不一樣，薛西弗斯認爲，只有每天推著巨石上山，藉以證明自己不向天神屈服，如此生命才有意義；但對我而言，我寧可「撿石子」，撿一個石子，有一個石子的意義，石子撿得愈多，生命也愈有意義。

許院士卅、四十年前曾在《心路歷程》一書中講過這個故事，並認爲自己克服殘障就像是那個推巨石的巨人薛西弗斯，只要一天努力不懈，就代表不向命運屈服。我則恰與許院士成對比。

樂天知命障而不殘，仍如往昔參加活動

其實，類似的對比也存在科學界及音樂界。愛因斯坦在他人生的最後卅年，一直努力在做「統一場論」，直到他去世那天，仍在做著計算的工作，他去世後，病榻旁的小桌上還攤著當天的計算。他認爲只要做一天就有一天的意義，這樣的想法像極了薛西弗斯。但另一知名的物理學家狄拉克，他到了某個地步以後，就不再做太吃力的物理相關研究了，而寧可談些人文、藝術。

音樂界方面，貝多芬的「命運交響曲」、「英雄交響曲」，都是在向上天挑戰，即使耳聾了，也繼續作曲，至死不休，充滿向上天挑戰的精神；莫札特則在知死之將至時，譜了「安魂曲」，雖未完成，卻充滿了「順天安命」的意味。

對我而言，我採取第二種態度。許院士說他不怨上天、殘而不廢；我則是「障而不殘」，中風後仍如往昔參加各種活動，當然也有些好處。

例如昨天的跨黨派小組會議我也參加了，來去都有人接送。去的時候是新黨的立委郝龍斌，回來則是民進黨立委林濁水。跨黨派小組迄今未達成任何共識，我認爲這個說法不對，至少就照顧我這殘障弱勢而言，跨黨派小組就已經達成合作的共識了。

撿石頭的人生哲學

楊：沈教授提到的生活態度很重要，每天無時無刻都要做有意義的事，不論是撿石子或是推大石頭上山都一樣，其實這些可從沈教授現在情況上看得非常清楚。自從沈教授中風接受復健一段時間後，他又回到大家關心的領域中，前一陣子辦了吳健雄科學營，最近又籌劃成立吳大猷學術基金會，都是科學教育方面有實質意義的事，又例如跨黨派小組，換個人可能就不會參加了。當初我曾參與跨黨派小組成員的遴選工作，決定邀請沈教授參加時，沈教授的態度很積極。可見沈教授非常想做事情，做有意義的事，也還在下棋，沒有自怨自艾，還在到處撿石子，一直找對社會有意義的事來做，這種生活態度值得我們學習。我以後如果中風，還要向君山兄學習。

許：君山剛剛講的話深獲我心。像撿石頭這個例子，如果我們一定要做成某事，是很困難，如果能抓住機緣朝一個方向努力，做一分算一分，不要光選人家看得見的目標，例如發財、學位或選個委員，這種目標空得很。要做一些對自己和別人有益的事才算是撿了一塊石頭，如果硬要強迫自己做很有毅力和決心才能做的事，反而會造成傷害。

剛剛君山講的愛因斯坦和狄拉克之間的差別，其實狄拉克並不是從此休息，像楊振寧先生也不是就此休息，他把從物理學上領悟的一些智慧來看人生和世界，我在香港時常有機會向他請教，發現他關懷的幅度和廣度不是只有物理，而是已提升到哲學的境界和人生的關懷，這是因楊先生的大天才和多年物理學上的造詣，使他能夠自我提升至更高的層次。君山的聰明才智是我朋友中最好的，「俊男」部分不管，因爲沒什麼了不起，人總是要老的，不過他的聰明才智確實了不起，他這次中風等於爲他開了另一道門，讓他想到一些熱鬧之外的寧靜世界，他過去是太熱鬧一點。

沈：其實不管是撿石頭或推石頭，總是盡我所能，像牛頓這種大科學家也只是說自己只撿幾顆小石頭而已。剛剛許教授提到的楊振寧先生，他絕頂聰明而且關懷的面很廣，從人生、國家大事到歷史藝術等，不過這還是不一樣，愛因斯坦最後做的工作是推大石頭，因爲這個大石頭沒人推得動，除了他以外，別人可能連兩步都推不下去，他可能也只能推十步。楊振寧和狄拉克早年是推過大石頭的，晚年把智慧運用到別的地方，不僅豐富自己人生也豐富社會，但這好像撿些彩石，和愛因斯坦晚年還是不懈怠，做自己也知道不能完成的工作，這種態度是不一樣的。

倬雲兄講得對，從前我身體好時，好像在天上飛，現在爲了使命感還努力在做，這其實很辛苦，就好像一隻腳已在泥中，翅膀還在天上，只能歪著飛。我以前非常方便，到處旅行講演還可以打球，現在聽了音樂也不能跳舞，這樣子反而讓你知道一生有限，使命感也就更重了，能夠做就做。參加跨黨派小組，使我覺得還能爲國家做點事，不過若叫我去做九二一救災我就不會答應，因爲我不懂。

一個人有成就後通常會有權力的傲慢、知識的傲慢和理想的傲慢，傲慢兩個字不好，你有知識，但還是僅限於某方面，有些方面不一定懂得比別人多。楊振寧先生在這點上很好，他是大物理學家，但他在和別人談別的領域時都能很平和接受，他棋藝不好，不過很有興趣。有一次他在我的病房看到圍棋盤上有一個茶杯，他就皺起眉頭，我趕快讓看護趕快把茶杯拿走，他還親自拿手紙把盤上的水擦掉，可見他非常尊敬圍棋盤，讓我非常感動。另外，自己有理想一定也要尊重別人的理想，如果自己的理想是真理，那別人的真理到那去了？尤其是一個成功的人晚年時走出自己專長時，一定要平和理性，理想要結合理性，才能造福社會。

楊：心理學之中，有一門叫「死亡心理學」，而生死學的書現在市面上也很多，讓大家對死亡能有進一步了解。沈教授曾中風，等於有一個機會接近死亡的狀態，我想請教沈教授當時有沒有想到死亡的問題，當時的感受如何？其實一個很忙的人往往不會想到死亡的問題，我想再請教沈教授的是，現在對死亡有沒有一套看法？

死亡只是一個過程，自殺並非弱者行爲

沈：我復健最快的是嘴巴，因爲大家來看我，我就拚命講話，運動多了自然恢復快。中風時自然會想到死亡，因爲手、腳都不能動，如果都不能恢復，我也不想推大石頭，因爲六十七歲可以「走」了。我記得以前海明威的小說《雪山盟》，裡面用了很好的象徵，有一隻雲豹要死亡的時候，跑到高山上去等待；discovery 和國家地理頻道也都曾提到動物生命的死亡，例如獅子、豹子是非常有尊嚴的，牠們受傷要去世時都安安靜靜跑到樹下等待死亡的來臨。而我那時的情形是，知道不會死亡，但身體卻快沒有用處了。海明威對生活的態度，就像《雪山盟》裡提到的那豹子一樣，晚年時他每天只寫作五百字，其餘時間就享受自己的人生，等到連五百字都寫不了時，最後就自己結束了自己的生命了。自殺在我看來，不一定是弱者的行爲，有宗教信仰的人也許不以爲然，現在科技很發達，但科技在延長生命方面往往是作孽，因爲活到一百歲、一百五十歲，如何維持自己身心快樂？如何對社會有用？都要冷靜衡量。中風當時我就曾想過如何合理的結束自己的生命，後來身體又好了，

而且又積極地參與許多事情，這個想法也就過去了，不過那時確實對死亡沒有任何恐懼，死亡只是一個族群、種族的一個過程，當然生命只有一次，但既然我已經來了一次，而且上天給我太多東西了，我非常滿足了，這就是我對死亡的態度。

楊：我接著想問沈教授安樂死的問題，沈教授其實是台灣最早談安樂死的人，我想請教沈教授，當自己曾面臨死亡，也提到自己解決生命的可能，現在對安樂死的看法？

沈：那是近卅年前了，我現在更加贊成安樂死，不是因爲我曾中風，而是因爲科技進步。過去是閻王要你三更死，沒人可以留到五更，但是科技力量不僅可以把人留到五更，還可以留好幾個三更。如何結束自己生命，將來要憑自己的意識，現在我更加主張人要有結束自己生命的權利，但是要由自己決定，不過還有技術問題待克服。

楊：沈教授對一生的回顧是正面的，而許教授從小就身體殘障，請許教授談一談對一生的看法，我認爲他應該有一套人生哲學，否則會怨天尤人。

生吾順事，死吾歸也，樹葬不錯幫樹長大

許：儒家說：「生吾順事」。生下來本就沒太多選擇，什麼材料就是什麼材料，我不可能像君山聰明，也不可能像君山漂亮，能過多少算多少，不過我一輩子打的主意是我欠世界上的情很多，我一輩子能還多少就還多少，我不要拖累或危害世界，這是我立下的志願。六十歲以後，我都會利用搭飛機的時間，把一些已答應的稿約完成，我在南港的工作，大概都是我認爲我做不完也有人可以接著做的工作，即開頭的工作，這些工作我通常都會規畫得較仔細，不會讓人家接不上來。

最近我第二次修改遺囑，重點在不要作不必要的延長生命。因爲醫藥越進步，可以延長生命的方法越多，但是我第二次修改遺囑時則是增加不必延長的項目，我改的時候心安理得。我來的不是花花世界，我看到比我更受苦受難的人多的是，能多出一分力，使不是很愉快的世界有人能說兩句話提醒提醒，也算是盡了一分心。我知道大石頭是推不到頂的，只是盡其心而已，等到要走的時候，「生吾順事，死吾歸也」，回去了，回到那裡，也不去問它。我只想回到原初生命的來源，即使骨

灰能讓一棵樹長得好，也是很好，所以我認爲樹葬很不錯，骨灰不浪費，還可幫助一個生命長大。這就是我的人生態度，我沒有太多的留戀，只覺得虧欠人世間的情太多。

楊：雖然許教授從小殘障，但他回顧自己的一生還是很正面，並不覺得世界和別人虧欠他，他反而覺得虧欠這個世界、社會、家人，想多做點事情回饋，這是很正面的人生回顧，希望一些在身體、心理、道德、智力上殘障的人還是應想辦法努力過生活，將來回想起來才會有一個正面的看法。

沈：我很佩服許教授，知識、見識、膽識三識俱全，當之無愧。我回顧過去上蒼待我不薄，如果再讓我做個新生也許會有點不同，我是活得很愉快，一點也沒有遺憾，但是卻有點辜負上蒼給我的東西，就是可以努力多做一點學問事業回報社會，辜負是對社會，不是對自己。我這輩子活得很開心，大概十六、七歲以後，除了愛情外，就沒有什麼大的挫折過，進大學後就一路順風，直到中風，有七八分才能做六七分事是很愉快的。

科學人文世紀對談，超越個人肯定人生

楊：許教授學人文的，沈教授是學科學的，兩人一起對話非常有意思；另外，一位是從小殘障，另一位是晚年才殘障，彼此交換不同的經驗和立場也很有意義。兩位都是很有才氣的人，而且關懷面已經超越個人，都關懷大眾的事物，他們兩位一起來談殘障、人生、社會關懷的問題是很難得的機會，可說是世紀對話。聯合報和華視辦這場會談也可說是深具巧思。

他們兩位從小開始或後來身體才有殘障，但是他們對人生的看法都是相當正面，都肯定自己過去的生活，他們共同的特點就是都提到對家人、社會、國家都有虧欠，許教授甚至對樹木都有虧欠，百年之後骨灰還想樹葬，把骨灰撒在樹下，幫助樹木成長，他關懷別人，甚至關懷到樹木這種人以外的生物，這種胸懷非常值得我們效法。

（原載二〇〇〇年十月十五～十六日《聯合報》）

年表小傳

沈君山手稿

梅校長的事業，前人風範，心嚮往之，也更令我懷念梅校長。梅是一個溫吞吞話少少，完全沒有光彩的人，學術上也不突出，在今天民選校長時代，他一定選不上。但謀定而後動，事定而後言，凡事往遠大處想，以他人之能為己能，從北京清華而西南聯大而新竹清華，前後四十年，既無背景無依仗，每到一處無一學，無不大師雲集絃歌不輟，學風自由，學校安定，無為而治，無事不成。民國以來，名校長群推蔡元培傅斯年，梅貽琦之名不如焉，但學術教育而言，在我的心目中，他才是真正的典範。

我在台多讀一年，也使我有幸見到胡適；一次在台大操場，他對數千學生講演，我也擠在中間，只看見一襲長衫在台上晃盪，沒聽見說什麼。另一次在[illegible]，他幫我[illegible]

月涵堂（清大的台北辦事處）

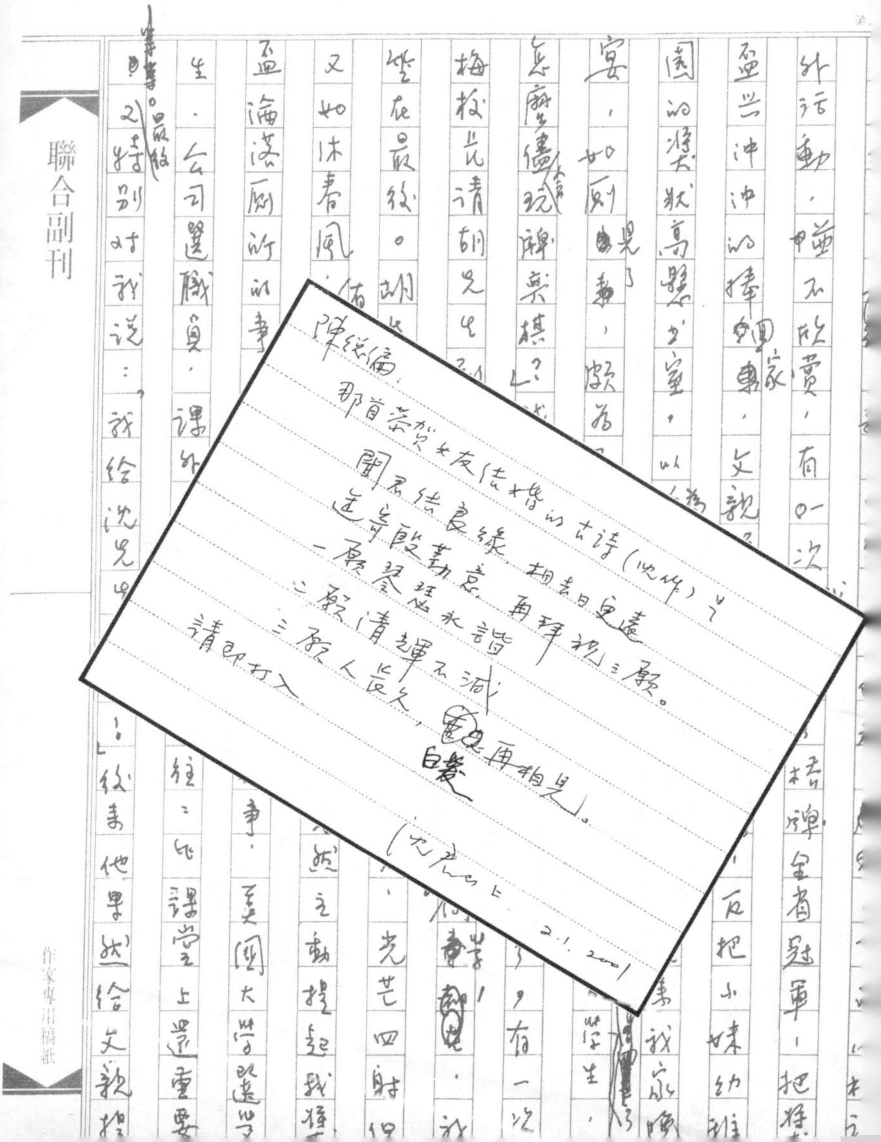
聯合副刊
作家專用稿紙
陳總編：
那首恭賀女友結婚的古詩（沈作）是
聞君結良緣，相去日更遠
遙寄殷勤意，再拜祝三願。
一願琴瑟永諧
二願情趣不減
三願人長久，白髮再相見。
請即打入
沈君山 上
2.1.2001

一九三二 出生

八月二十九日南京鼓樓醫院出生，父沈宗瀚，母沈驪英都曾留學美國，在康奈爾大學學農。回國後，分別在金陵大學任教及浙江大學農場研究，後來同轉去南京孝陵衛中央農業實驗所任職，是當時學有專長的「新派」人物。直到一九三七年抗戰軍興，我都一直在小康之家父母寵愛下成長。

最早的一樁記憶，大約是在兩三歲的時候。一天黃昏，年輕夫婦興起，玩捉迷藏的遊戲，母親在屋裡把兒子藏起來，父親進來找。兒子不爭氣，無論藏在壁櫃裡睡床下，都忍不住嘰嘰的笑，父親當然一下就找到了。好勝的母親不服輸，把兒子藏在棉被裡，再三叮嚀，不要吭聲。當然，塞進疊好的棉被後，要吭聲也吭不出來，果然父親一時也找不到，但又熱又悶，兒子覺得要窒息了，在裡面踢棉被，踢得棉被蹦蹦跳，母親要按也按不住，被父親一把拎出來，母親臉色很不好，還說了「眞不爭氣」之類的話。兒子覺得受了委屈，大哭起來，父親埋怨母親，把兒子悶得滿頭大汗，生了病怎麼辦？母親也沒好氣，就鬥起嘴來。兒子就哭得更起勁。至於怎樣收場，不記得了。

一九三七　逃難

一九三七年七月七日蘆溝橋事變，中日戰起，政府西遷，沈府小康之家時代，從此告一段落。從南京而漢口，長沙，常德，貴陽，在貴陽暫住了兩年多，一九四〇年止於四川榮昌。我隨著母親，母親隨著中農所，一路遷徙。

我的童年和幼年教育就在當時稱之謂「逃難」的過程中度過。每到一處，逗留不過數月，最長一兩年，最短數週。鄉下的小學，因教師學生人數不足，常只開一、三、五或二、四、六年級，我每到一處插班，也只有一回跳級一回留級，視情形而定。各地鄉音不同，剛聽懂就又要轉學，而且班上下江人（從長江下游來的外省人）往往只有我一個，又被認爲是官府人家子弟，受到孤立。所以，童年的學校生活，既不正常也不愉快，這段經歷，在《打菩薩》中有側面的記述。

零零落落的回憶中，最深刻的是爲抽鴉片第一次挨打。我們到貴陽後，借住油榨街一戶當地大戶人家的四合院，母親白天去上班，奶媽帶了我和弟弟妹妹在家，

▲1940 年 8 歲攝於四川榮昌，那群鴨子是我的好朋友，只許養不許賣，後來養鴨老者還是偷偷把牠們賣了，爲此我哭了好幾天，對老者記仇很久。

正廳住著屋主的老太爺老太太，我常去玩，他們也很喜歡我。有一天去時，他們正躺在床上抽鴉片，那時貴州號稱天無三日晴，地無三里平，人無三兩銀，卻盛產鴉片，是經濟來源的大宗，幾乎人人都會抽兩口，他們就逗著我，要我也吸一吸，我吸了一口，嗆得眼淚直流，大哭起來，奶媽趕來把我抱回去。晚上，母親回來，知道此事，嚇壞了，也不好意思聲張，只把我的手拉出來，狠狠的打了三下，一面打一面說，絕不能再碰這玩意，鴉片上了癮，永世不得翻身。隔了兩三天後，就搬了家。

一九四一　母逝

一九四〇年，母親回到遷址四川榮昌的中農所工作，一年之後，她積勞成疾，在實驗室中腦溢血猝逝，那時我只有九歲，有一段鮮明的回憶：初秋的下午，在課室裡不太聚神的聽老師講課，忽然看見窗外一位中農所的工友指手劃腳的向我打招呼，老師出去問了幾句，招手叫我出去，我要收書包，老師說不要收了，放在抽屜裡好了。我出去後，工友抓住我的手就說快走快走，我問他什麼事，他說你媽媽死了，等你回去闔眼呢。我拚命的向他說，不要騙我，他說「怎會騙你呢？」我一路被拉著跑，一路的就大哭起來，主要只是驚怕。回到寶慶寺的中農所，在母親的實驗室裡一方木板上，白布蓋著母親，父親在旁垂淚，旁邊站著的人，見我進來，把白布拉開，母親已氣絕多時，但眼睛果然還沒有闔上，有人幫我把手放在母親的臉上，我輕輕的碰了一下眼皮，眼睛就閉起來了。

我七、八歲的時候，非常怕死。我並不怕鬼，從小心目中就沒有鬼的觀念，也沒有天堂地獄的幻景。但是死，對那時的我來說，就是悶了氣，埋在地下，黑不洞洞的，被蟲蟻咬，咬得沒有了爲止。這種形象，非常恐怖，知道每個人都會死，常常計算自己死亡的日程，人生七十，算算還有好幾十年，就比較安心些。母親是中秋過後兩天去世的，在中秋前三四天，我做了一個奇怪的夢，夢中一行人吹笙搖幡的走過來，其中一位對我說：你媽媽死了，我們去葬他，你要不要去？我大叫：「不准埋到地下去！」但是隊伍搖晃的過去，我充滿了悲戚，卻無能為力，驚醒過來一身瘦軟。這個夢，後來常常回想，到今天還淸晰記得。

母親去世後，遺留九歲的我及三個弟妹，還有許多已完成和未完成的工作，遺骸抗戰後歸葬南京。一九九三年，因為開修公路，又遷葬於前身就是中央農業實驗所的江蘇省農業科學院內的桃園，址在當年母親工作的生物遺傳館後。墓成，我前往拜掃，墓後桃李成蔭，滿園繽紛，拜掃之後，隨意到生物遺傳館等處走走，幾位年輕人正在做實驗，閒談起來，因為研究譜系，他們都知道「驪英」。他們告訴我，大陸上小麥品系中，以人名為名的，只有驪英系列和一位叫梁來友的「小白麥」。這些年輕人雖然知沈驪英其人，卻不甚知其事，當自我介紹，我就是沈驪英的兒子時，他們個個抬起頭來，用尊敬的眼光望著我。他們告訴我，驪英系列包含九個品系，分別為驪英一至九號，從四〇年代起逐漸推廣，遍及大江南北，其中尤以驪英四號和五號最受農民歡迎。今天他們研究的品系，也還是從抗戰前後那些早期的品系改良培育而得。

中國有句成諺：「功不唐捐」，母親身後的故事，很印證了這句話。

一九四三　赴陝依叔

母親去世後，父親續絃陳母，一年許又因病去世。我因乏人管教，變得特別頑皮，父親無法同時照顧我們三個小孩，乃將我送去陝西武功西北農學院任教的六叔處。六叔那時已有七個小孩，最大的比我大十歲，最小的則剛出世，食指浩繁，生活艱苦，但從初一到初三畢業，我總算第一次安安定定的讀了三年書，也第一次迷上一門課：幾何。

那時下課以後，各小孩例必要分配若干家事，分配給我的工作之一是去「放羊」；為了讓新出生的堂弟有奶喝，家中養了一頭羊，每天下午要牽出去附近草地讓它吃新鮮的草，這是我一天最享受的時光。趕著把其他家事做完，就牽了羊出去，用長長的繩子拴在大榆樹下，讓牠一圈又一圈的自己尋草吃，我從樹上折下樹椏和樹枝，當做圓規和直尺，在樹下一道又一道的解我的幾何題。初到陝西時，我對新家和學校都不習慣，互相的隔隔不入，是一個寂寞孤獨的小孩。只有在榆樹下，獨自浸沉在理性的愉悅中，才是我最自得的時光。初二以後，幾何課沒有了，羊也不養了，學校也有些新朋友了，但是到榆樹下去想新的幾何命題仍是我最珍愛的獨自時光，一有機會就溜了去做，這些自以為是創作的命題，到初三畢業，離開武功時，已經積滿四冊練習簿，一直保留到很久很久以後。它們本身當然沒有什麼價值，兩千年前，希臘人早已解過了，但是帶給我思索推理的訓練，卻讓我終身受用不盡，若要問這一生那一門課是最受益的，毫無疑問，是幾何。它好像把你的頭腦洗了個澡，理個清楚。很遺憾，現在的中學，幾何似乎已不是一門單獨的課程了。

一九四六　返寧回家

一九四五年中日戰爭結束，一九四六年六叔全家「復員」東返，父親已又再續絃，在南京孝陵衛故居附近重新建立起新家，我也就回家，進入金陵中學。但是安定重新出發的喜悅只是短暫的，漁陽鼙鼓動地來，一九四八年秋冬，遼瀋淮海戰役國軍相繼失利，金融崩潰，局勢很快進入不可收拾的情況，我們又再開始「逃難」，父親那時已任職農村復興委員會（簡稱農復會，一個中美合作的機構），他把慈恩和慈蔭兩個妹妹留在正在就學的蘇州振華女中，其餘的舉家南下，但南下後又怎樣，當時也不知道。一九四八年冬，我經滬而穗，在廣州的嶺南中學、大學斷斷續續的讀了一年多書，其間曾兩度進出香港，在澳門也住了近半年。

這兩三年，奔波流離，書當然沒能好好唸，經過上海的時候，在舅母家住了一個多月，經歷了第一次的初戀。後來的追憶，寫在〈花蓮的白燈塔〉一文中。一九五〇年夏最後一次離開廣州，那時，我已考進嶺南大學。解放初期，全校浸沉在亢奮的新氣氛下，跳秧歌演話劇等，我也參加了學校的文工團，團中有位高年級的積極份子，不分彼此的幫助大家，成了我很好的朋友，把他當大哥哥看。但有一天，他告訴我，要休學回家了，他家是地主，在鄉下是被鬥爭的對象，土地沒收了，父親也關了進去。他說話時陰陰沉沉的，一反平常開朗的態度，「以後我們恐怕不會見面了，不要寫信，免惹麻煩，你的階級成份也不好，要自己小心。」他這段話，留給我很深的印象，也產生很大的影響。一九五〇年六月，韓戰爆發，美軍宣佈協防台灣，國民政府安定下來，在撤離大陸時瀕臨解散的農復會也重新整合出發，父親來信要我去台。我那時已漸習慣嶺南，參加各種活動，足球已經是校隊，對父親的來信，十分猶豫，但「大哥哥」的一番話，總在心中徘徊，終於在七月底的一天，收拾行裝，離開廣州，那時由穗去港，已開始管制，尤其入港，對於非粵籍的外省人——被概稱為上海人——盤查更嚴，動輒飭回。我在從廣州去羅湖的火車上，臨時抱佛腳，編了一段大學生赴港探親的故事，用粵語背誦在心，反反覆覆的請鄰座的同學糾正口音。還好過羅湖時，警察只問了幾句，對我結結巴巴的故事，翻了兩眼，就讓我過關了。

一九五〇年七月初來到台灣，沒幾天就參加台大的入學考試，考國英數理四科，錄取分數一百六十分，我只考了一百五十九分，沒有考取，只好在家閒居一年，一面補習，一面等待來年再考。

這一年卻給我帶來不少收穫。那時時局不定，隨父母來台，而未能入學的青少年不少，多有浪蕩街頭，結幫成群的，一般稱之為「太保」。有一個小團體，七位小兄弟，自稱七義，我也是其中一員，常去中華路鐵路（當時尚未地下化）旁的一家茶館南亞茶室碰頭，商議軍國大計，再出去南征北討。不幸，有一次和對頭幫派決戰，大敗而歸，老大避去高雄，我們也被逼散夥。南亞茶室當時分裡外兩大間，外間十幾張桌子是咖啡室，偶有一兩桌人玩紙牌，裡面則是棋室，七、八張棋桌，是當時台北主要的圍棋聚會場合。我們平時只在外間，老大叫一杯茶，小兄弟們夥在一起，嘰嘰喳喳，但就在這裡，我初次接觸到圍棋。七義散夥後，一兩位小兄弟，還偶去南亞相聚，外間沒得混了，就去裡間，起先看人下，後來自己上桌，很快發現，用頭腦打架比用拳頭打架，我要在行得多。那時，農復會的一部份借省農林廳上班，就在現在濟南路立法院的舊址。上午奉父命跟著去上班——其實是補習中英文，在辦公室角落擺了一張小桌子，由父親的同事學生（蔣彥士先生也是其中之一）共同督導。農林廳的一位老門房，會下棋也喜歡下棋，我常偷偷去找他下。下午一下班，就一溜煙的跑去南亞。一年以後，我的棋力，從被老門房讓七子到讓他先，號稱三級，大學也考上了。

一九五一　進入台大

一九五一年的時候，還沒有聯考，只有一所大學，就是台大。還有三所學院：

▲台大足球校隊的隊長（前排左二），當時我們是沒有制服的。

師範學院、台中農學院和台南工學院，分別是現在師大、中興和成大的前身。台大後來號稱學風自由，其實那時才是眞自由，簡直近乎散漫。老師的待遇很差，大量的兼課，忙的老師一個星期要上十七八堂課，當然就管不到學生。大一的時候，我成天泡在球場上，足球原來就有基礎很快選入校隊，先踢右鋒，後來成爲球門。籃球是當時校園最活躍的運動，我們組織了一個黃蜂隊，是爭奪全校冠軍的熱門隊伍。後來成爲加州大學校長的田長霖，在另外的建群隊，爲打球我們打過一架，大一下學期，我又加入了B.T.U——台大橋社。橋牌，我原就有些根基，在南亞茶室也上過桌，但加入B.T.U，還是先要經過測試，再做爲見習社員，最初幾次比賽，只能在後面遞牌盒子學牌，還輪不到上場。半年之後，由老社員帶著正式參加比賽。和圍棋一樣，我一下就入了迷，進步也很快。從技術面而言，橋牌比圍棋更容易控制，只要頭腦清楚，注意力能集中，入了門，很快就能登堂，大二下學期我成爲正式社員不久，就在台北市比賽拿到第一個冠軍。

大學四年，除了棋橋足籃外，其他各式各樣的課外活動，也都熱心參與，郊遊，烤肉，辦舞會都有份，常常還是帶頭份子。又加入了學生社團「群社」，並不是核心成員，但參與很多康樂活動，有一天，群社歌唱隊出了事，好像是唱了「反動」歌曲，隊員被約談。我也被教官找了去問。我沒有音樂細胞，它在我的十八般武藝之外，確實不知道隊員在唱什麼歌，用民主自由的道理和教官頂了兩句，互相瞪了兩眼，就出來了，沒事。這是我大學時代第一次也是唯一一次和政治擦上點邊。

至於功課，只求做到略好於過得去。大學四年，該上的課上了，該記得的公式記得了。但是除了核心必要部分，完全沒有心思去多走一步。經過十幾年斷斷續續痛苦多於愉悅的小學、中學，我充分的享受了大學時光，沒有一絲一毫做學者的意圖和準備。初中時代對幾何的狂熱，分散轉移到棋、橋和球類活動。散漫的台大給我一個自由自在多元發展的環境，四年大學，學科修了必須的一百多個學分，課外活動卻修了至少五百個學分。現在回想，這些課外活動，給我帶來自信和自在，讓我從青澀自閉的少年長成一個成熟外向的青年，四年時光一點也沒有浪費。

一九五五　受訓

畢業之後，先到鳳山後來轉去左營，受了一年軍訓，顯然我不會是一個好革命軍人，事實也確如此，結訓離營時，我還欠了海軍十幾個例假禁足，在教官要我們留言的紀念簿上，我實話實說，題了兩句修改了的唐詩：「相看兩討厭，唯有沈君山。」

那一年眞是不幸，還經歷了一次痛苦的失戀。大學時讀外文系的女友，畢業後就出國了。那時台灣經濟尚未起飛，台美通訊也不十分發達，打一通隔洋電話要公務員一兩個星期薪水。留美是到另一世界，另一令人欣羡卻不眞正了解的世界，是人生向上梯階另一階段的開始。我們去鳳山，也是到另一世界，卻是一個受苦受難

▲1955 年退訓時同袍合影（後排左四爲沈君山），後方之司令台是我被罰在午休時疊棉被之處。

受磨練的世界，是人生不得不經的一個過渡，以後前程卻還茫茫。和黃埔新生一起的入伍訓練，尤其擺明了就是要殺殺大學生自大自滿、自在自得的散漫之氣，除了出操跑步整內務，還是出操跑步整內務。尤其我，因爲棉被疊不好，每天中午別人回宿舍午休，還要搬了棉被烈日下到司令台去疊，社會階級社會價值和大學時代整個的翻了過來，每天能嚮往期待的就只是午後的綠衣使者。信先到輔導官，他檢閱了，再發給大家。最期待的當然就是情書，不但是精神的寄托，而且似乎也是「成就」的一種衡量。有一位隊友，每天收到一封甚至兩封情書，還是厚厚的，看他那時的樣子，就像羽毛抖了起來的雄鷄。而我呢，卻是漸行漸遠漸無書，第一封她的信是船上寫的，抵美即發，還有四頁，但以後漸漸的就短了，也少了。這本來在預料之中，一個自費學文的女孩，要讀書要謀生，還要在冰天雪地的新英格蘭，重新適應西方生活，和炎炎烈日下每天帶了小板凳踢正步聽訓話，卻不用操任何心的土男生有多少可說可共鳴呢？到了十一、十二月，天漸漸的冷，信也漸漸的少，新年過後，收到一張聖誕卡，有 Take Care 兩字，想是訣別吧；此後就再無音訊了。當時隊上像我這樣情形的，還不止一二人，發信時刻，名字叫到的愈來愈少，臉色蒼白的愈來愈多，但誰也不肯多說，誰也不肯認輸。還有，輔導官後來透露，讓妹妹每天胡亂剪些報塞在信封裡裝做情書寄來的，誠知此恨人人有，受訓書生百事哀，從那時起，歐陽修的〈木蘭花〉：

別後不知君遠近，觸目淒涼多少悶，
漸行漸遠漸無書，水闊魚沉何處問，
夜深風竹敲秋韻，萬葉千聲皆是恨，
故倚單枕夢中尋，夢又不成燈又盡。

就成為我最記得的一首詞了。

受訓完之後，再一年我終於也出國了，出國前幾天，在報紙上看見她的結婚啓事，對方是名門之後還是名校博士。到了美國，我仿古詩寫了一封賀函：

聞君結良緣，相去日更遠
遙寄般勤意，再拜祝三願；
一願琴瑟永諧
二願清輝不減
三願人長久，白髮再相見

可惜是當然的石沉大海，不過，垂老再相見，卻如願了，八〇年代中，她回國省親，卅年後，又第一次在電話中聽到她的聲音，相約共宴，那是一家宴舞餐廳，曾經是美國軍官俱樂部，後來美軍撤走了，名字和風格卻沿襲下來。聽著輕緩的舞曲，回憶大學共同的時光，不知不覺間，台上菲律賓四人樂隊已奏起了魂斷藍橋，淡淡感傷的曲調，感染著大家。

我們緩緩的舞著，……，微俯下首，一雙迷迷濛濛的眼，也正望著我，不，不是望著我，是望過了我，望著過去。

「看君雙眼色，不語似無愁。」

卅年前，為這兩句詩，相思了一晚，也是驪歌聲中，刻意的唸出來，換來一瞬矜持的嗔笑，又相思了一晚。今宵卻自然的從唇間流露出來，感覺到一絲顫抖，也只是一瞬，眼色更加迷濛的。

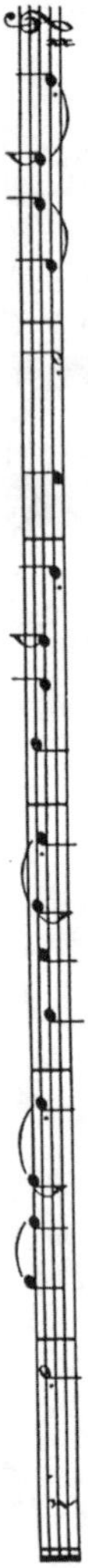

駕著驕車，送她回去，窗外的雨迷迷濛濛的，閃閃的霓紅燈，似乎十分遙遠。

卅年前，出國前夕，訣別之舞後，坐著三輪車回去，也是迷迷濛濛的，但車座遮雨的黑布幔把幔外幔內，隔成兩個世界，幔外淒風苦雨，幔內卻是溫溫暖暖。當然並不希望車子踩得太快。車夫也就識趣的慢慢的哼著小調，慢慢的踩，從八德路的新生社沿著新生南路踩回台大的女生宿舍。當時新生南路的左邊，是一條近似小河的明溝，踩了大半個小時。再過去就是水稻田了，閃爍明滅燈光從散散落落的住宅，映射出來，那時是沒有霓虹燈的。

到了她的婆家了，正要下車去幫她開門，卻被擋住；

「不要了，下雨呢，」她把我的手按在輪盤上，「你不是一向如此嗎？」又加了一句。

出了車門，回過身來，隔著車窗，躊躇了一下：

「你的賀卡，是收到了，」

躊躇了一下：

「那時我沒有回，……對不住，」

又躊躇了一下：

「隔山相看兩不厭，何必踏遍嶺頭雲。是嗎？」然後，回過身去，再也不回頭的走了。

望著她已顯富態的身影，在門口一閃進去，回憶伴著雨珠在前窗板上，一圈圈的散開，沿著窗沿，流逝過去。

後來，又過了好幾年，輾轉聽到她在夏威夷去世的消息，但已是事後很久了。軍訓中，像我這種情形，顯然以後也很普遍，甚至發展出一個專有名詞：「兵變」，也可以說是體制的產物吧。回憶中，時間已癒合了傷痕，留下一些淡淡的悲哀，也許還有些美，但在當時，卻是刻骨銘心的，不只是感情，更多的是自尊和自信，各種挫折都交織在一起。

受完訓出國之後，不過幾年，我讀完書也結了婚，回來客座，到清華、台大講學，那時還很年輕，常參加同學的課外活動，他們自然的看我做嚮往的對象，什麼問題都問，我總說：要把自信和愛情分開，人生的價值和情場得失是無關的。畢業前後，也有同學雙雙對對的來問出國的事，選校選系等等，我點到爲止，到時候他們自然會更清楚，倒是諄諄告誡，戒防「兵變」，眞情不怕考驗，也許，但是最好不要去試，人是脆弱的。萬不得已，感情的傷害難免，最要緊不要傷及自尊。對特別喜歡的學生也講講自己的故事。

後來，很久以後，一九九七年的秋天，我到美國中西部的一個大學城開會，剛住進旅館，一對夫婦來訪，原來是當年班上的兩個學生，鬢髮已斑，早已是教授，先生還是講座，熱誠的邀宴，宴畢回到家中小坐，傍著火爐，啜著葡萄酒，回憶卅年前的青春，女主人笑著問我：「老師，你知道那年你給我們上課，什麼話影響我們最大嗎？」

「黑洞？」我一半故意一半茫然的回答。

「不是啦，是兵變，聽了老師的話，等了他一年才出國，又火車又公車的去成功嶺看他，所以呀，今天他什麼都得讓我三分！」

男主人只是微笑的彈著煙斗，顯然已習慣家中只有一位發言人，但這次卻被嗔了一眼，趕緊表態反應：「下輩子再讓你五分，怎樣？」

「老師作證，不能賴呀！」她說著，滿滿的又給我酌了一杯酒。

一九五六　清華一年

受完訓回到台北，發覺還欠了台大一筆尾巴債，那時德文作爲第二外國語，必修兩年，我第二年沒修及格（根本沒去上課），因此要留校補修，不能出國，耽擱了一年，不過這一年，卻並沒有白耽擱。

那年是一九五六年，拜韓戰之賜，台灣是完全安定了，「共匪」一時過不來，反攻大陸當然一定要反攻，但也急不來，先建設復興基地。流寓美國的清華大學老校長梅貽琦，被老蔣總統請回來，要他籌備清大復校。因此，就在那年，台灣有了第一個研究所，清大的原子科學研究所，先借台大教室上課，當時的台大校長錢思亮，喜歡橋牌，對我印象深刻，看我又回來了，補修三個學分可上可不上的課，覺得這樣幌盪下去不行，乃向梅校長推薦，梅校長找我去談了一次，就聘我做助教，因此我一邊在大學上課，一邊在研究所任助教，也兼校長的助理，事實上是打雜。

第一屆清華的研究生，一共十八位，任教的老師都是兼任。當時選擇清華未來校址，有兩個可能，一是南港，地近中央研究院，一是新竹，地近工業技術研究所，後來選了新竹，有校友問梅校長爲什麼，他笑笑說：「新竹風，南港雨，寧可風大，不要雨多。」其實那時梅校長已想定了復校的清華將走科技大學的路，不與台大爭鋒，所以才棄南港而就新竹。

梅校長勘察校地，有時我也陪著去，印象深刻的，就是雜草叢中，一條小徑，通到一個湖。湖邊幾座鐵皮屋，是廢棄的糖廠留下來的，再往裡走，就沒路了。梅校長要辦學校，朝野共助，現在清大校址的地那時屬於石油公司，董事長是凌竹銘，向來佩服梅校長，梅校長要地，他一口答應，至於多少，請梅校長自己決定。

清華在台北設了個辦事處，最初在中華路，後來遷去金華街，梅校長就住在那兒，也是我上班的地方。有一天晚上，已經不記得爲什麼留下來了，梅校長拿了張放大的新竹東郊的地圖，仔細的看，讓我也看，然後拿起枝紅筆，也不說話，慢慢的像描紅一樣在地圖上圈了一圈，再看看，點了點頭，說：「可以啦！」

這一圈，圈了八十一甲。當然不能白拿，得出個價，公事公辦，以新台幣一元成交。有人問：「只有十八個學生，八十一甲地不嫌太多嗎？」梅校長笑笑：「不多不多，將來有用。」後來交通大學也在新竹復校，資深校友凌竹銘擔任復校籌備會的主任委員，卻沒地了，原來都給了梅貽琦。只好在清華後門外勉強的擠出九甲地，就這樣的擠了二十年，才再買到新校地。爲此，交大的師生校友，一直到今天還憤憤不平。

梅先生是一個溫吞吞話少少並不發光的人，在今天民選校長時代，他一定選不上。但謀定而後動，事定而後言，凡事往遠大處想，以他人之能爲己能，從北京清華而西南聯大而新竹清華，前後四十年，既無背景亦無依仗，然每到一處每興一學，無不大師雲集絃歌不輟，學風自由而學校安定。民國以來，名校長群推蔡元培、傅斯年；梅貽琦之名不與焉，但專就辦學教育而言，在我的心目中，他才是眞正的典範。

台大多讀一年，也使我有幸見到胡適。一次在台大操場，他對數千學生講演，我也擠在中間，只看見一襲長衫在台上幌盪，沒聽見說什麼。另一次在月涵堂（清大的台北辦事處），他還幫我「平反」，印象深刻。事情起緣是這樣的：父親苦學出生，對於不算正業的學校課外活動，並不欣賞，有一次我得了橋牌全省冠軍，把獎盃興沖沖的捧回家，父親將之置於洗手間，反把小妹幼稚園的獎狀高懸書室，以爲警惕。錢思亮校長來我家晚宴，如廁見了，頗爲不平，反遭父親義正辭嚴的駁了一頓：「台大學生，怎麼盡會玩牌弈棋？」錢校長把這事給胡博士說了，有一次梅校長請胡先生到月涵堂來座談，十幾個人，大多是清華校友和同學，我坐在最後。

胡先生和梅校長是完全不同的人，光芒四射但又如沐春風，有他在一定滿座生歡，說著說著，他忽然主動提起我獎盃淪落廁所的事，他說：課外活動是好事，美國大學選學生，公司選職員，課外活動的表現，往往比課堂上還重要，又提起清華早期的體育老師馬約翰先生，他對清華學生的影響，清華校風的形成，比許多教授加起來還大。最後又特別對我說：「我給沈先生去說！」後來他果然給父親提了，胡先生和父親是康奈爾同期同學，而胡先生略早，父親對胡先生是非常敬佩的。

而胡先生一生提倡寫自傳，寫說老實話的自傳，父親追述早年求學經過的《克難苦學記》，正符合了他的要求，爲之寫了一篇很長的序。胡先生去世前夕，正在閱讀父親的另一本自傳《中年自述》，現在南港中央研究院內的胡適紀念館，原是他的故居，室內維持原貌，床頭几上仍放著攤開的《中年自述》。

受了適之先生的影響，胡夫人江冬秀女士晚年也寫過一本她的自傳，原稿曾在閨閣好友間傳閱，我曾在一位我稱之爲舅母的遠房親戚處看到過，她告訴我：這才是用純白話文講眞正老實話的書。可惜聽說冬秀女士去世後，她的公子也許是爲父母諱吧，將斯稿付之一炬了。

◀出國時的沈君山

一九五六年秋，清大借台大一角開學上課以後，就一直在等一位大學者從美國回來。一直等到十一月初，大學者回來了，就是吳大猷先生。吳先生回來之前，我雖名爲助教，除了月底爲教師送薪水外，並沒有做什麼助教的事。吳先生回來，到次年四月返美前開了兩門課：古典力學和量子力學；供清大研究生和台大高年級生選修。這兩門課我都是他的助教，工作除了校講義、印講義、收習題、發習題等，還有隨班上課，吳先生教書的認眞是出了名的，但憑心而論，這次來台，他在講學方面的投入，恐怕不如以前西南聯大時期。「科教興國」剛成爲時尚，朝野同奉爲圭臬，而遠來的和尚吳大猷正象徵了此圭臬，他並不想做明星，但他本乎自然的外表和一針見血不事修飾的談吐，使他自然的成爲記者心目中的明星，他並不刻意尋求做國師，但他純眞認眞的個性，很快得到蔣介石的信任，奉爲國師。而他也竭誠回報，爲政府規劃台灣未來科學發展的藍圖，一切從培育基礎科學人才做起，平常各式各類的訪客，也佔去了他很多時間，使得他除了上課時間外，難再匀出時間來和學生相處，但即使如此，那兩門課，還是給入門的學生打下堅實的基礎，吳先生上課注重釐清基本觀念和整體架構，不蔓延枝節，我在這大半年學到的物理，比大學四年還要多。一九五七年夏，在梅校長和吳先生身邊做了一年助理助教之後，終於完成大學學業束裝赴美，離一九四九考入嶺南，已經八年了。

一九五七　赴美

台灣的留學風始於五〇年代中葉，延續到七〇、八〇年代。理工科的學生大多將留學當做完整教育的最後一步，而學成之後，尤其在早期，就眞的「留」下來了。我是這股浪潮的先驅者，也可說是幸運者，一九五七年進入馬里蘭大學，一九六一年得博士後入普林斯頓大學做博士後研究，然後去太空總署的太空研究所，一九六四年到普渡大學任教，一直到一九七三年。

這一段期間，學業事業平平順順的進展，其他方面也一帆風順，一九六三年夏結婚，到一九七〇年時有了三個小孩，一男二女。平常時候教學研究，假期遊山玩水訪友，還有就是參加棋橋比賽，到了美國以後，我花在棋橋方面的時間少之又少，但也許因爲眼界開闊，心胸成熟，水平自然的提高，連續得到美國圍棋冠軍和世界橋牌亞軍。但是就在這一切順利的時候，忽然產生厭倦之感，一番也算意外也不算意外的際遇，改變了我的後半生。一九七三年，剛剛滿四十歲，心智身體各方面都最圓熟的時候，我中途「轉業」，放棄了終身職的美國教職，回到剛剛被聯合國驅除會籍的台灣，到薪水只有普渡八分之一的清華大學任教。

關於這番「際遇」，後來我有一番追述：

從六〇年代開始，我國赴美的留學生日見增多。因爲忙於學業事業和適應生活，平常他們很少關心身外之事，但是，客居異國的孤寂，對國家甚至個人前途的無力感，點點滴滴的鬱結在心中。一九七〇年秋，日人侵佔釣魚台的新聞像一根火柴，點燃了這累積鬱悶已久的情結；終於有了一個崇高遙遠而與身邊的平凡煩瑣無關的題目，個人的苦悶和對國家的關切都可以經過近乎自我犧牲的參與而得到昇華。

於是釣魚台運動就像忽然爆發的山洪，轟然捲過一向平靜而自求多福的留學界。但是這一個原本單純的愛國運動，很快的引出一個遠爲複雜也更爲基本的問題：中華民國的前途。從一九七一年夏初開始，釣魚台運動漸漸轉變爲對國家方向的探討、爭辯，終而分裂。九月在密契根州安娜堡舉行的國是大會是一個分水嶺，單純愛國的釣魚台運動從式微而死亡。此後的釣運成爲高度政治性的派別之爭。

對我個人的一生而言，那也是個分水嶺。我在一九五七年出國，一九六〇年學成後在普林斯頓大學、太空總署等處繼續研究，一九六四年轉到普渡大學物理系任教，其間也數度回台。當時因爲我在橋牌、圍棋上的「成就」，知名度很高，但是對於國事和政治，很少認識也很少興趣。

一九七〇年的秋天到一九七一年的夏初，我在台灣任教，約略的知道有所謂保衛釣魚台的運動。一九七一年的七月回到普渡，才知道這大半年來釣運在海外如火如荼的進行，九月初在安娜堡要舉行一場「全美國是大會」，總結釣運的過去，展望國家的未來。在普渡的釣運「先進」們希望我也去參加，幾位熱心參與釣運的老友，也紛紛來函，要我不要失去這個「學習」的機會。

於是我就去了，坐了當時所謂左派人士的車子去。一路上聽了不少有關他們學習共產理論和毛澤東思想的心得。

國是大會在安娜堡郊外二、三十哩的一個農場舉行，大約有五、六百人參加，完全是被當時激進左派控制的大會。親國民政府的少數留學生，在經過一番爭執後，第一天就退出了大會。我住在同去者安排的農忙時散工住的宿舍，一直留到大會結束。因爲我的知名度，也因爲我幾乎是唯一留下肯替國民政府辯護幾句話的所謂「右派」分子。在大會的三天，就成了被説服和團結的主要對象。每天晚上都被「鬥」到清晨三、四點鐘。但是，誠如後來在〈對國是的意見〉上的自我剖白：「形成個人政治立場的因素有兩種，其一是客觀的，如資料、知識，其二是主觀的，如背景、個性。」我剛剛在台灣一年的經歷使我無法接受他們一些憑空臆想的「事實」，我所受的科學訓練，對他們基於情緒而形成的主觀推斷更起反感。他們的「教育」完全沒有產生效果。

但是，這三天一點沒有白過，三天的磨練使我對國家的一些基本問題，有了一個啓蒙的了解。大會的最後一個議程原是「如何改變台灣」，我在那裡發表了「對國是的意見」講演，提出「革新保台、一國兩治、志願統一」三階段論的看法。這是我第一篇政論文章，經香港後來的《七十年代》轉載，在當時是開風氣之先，二十年後的今天回顧，兩岸關係最後的發展，雖尚未定論，其進程卻雖未必全中亦不遠矣。

釣魚台運動影響了很多留學生，我不過是其中之一，當然，一根稻草不會眞的壓垮一隻駱駝。釣運像一根火柴，點燃了許多留學生鬱卒的心情，但絕大部份，燃燒過後，就又回到原來的軌道上去了，它之所以改變了我的一生，有客觀的也有主觀的背景因素；赴美之後，我和台灣的關係並沒有斷。一九六二年，出國還不過五年，就第一次回國，主要是代表台灣參加遠東橋牌比賽，但也在台大和清大給了幾場講演，後來幾乎每隔一兩年就要回來一次，或長或短，都是到清華。最後一次是一九七○到一九七一，整整一年，所以對國內的情形，並不陌生，尤其因爲父親的關係，朝野愛護我的長輩很多，再加上我其他各種條件，包括科技的學術背景，使我處處感到被需要和被賞識。

另一方面在美國，卻因爲生活安定久了，反而產生文化調適的問題。文化是一種很奇怪的力量，平常不會感覺得到，但浸沉既久，自然會將你融和進去。在我普大的研究室的右下抽屜中，總放著一本《莊子》和一本詩選，研究思考累了，牛角尖轉不出去的時候就翻出來看看，好像一注清泉，自然有清沁脾胃的感覺。這兩本書，在國內求學的時候，父親老師逼我讀也不肯讀的，在國外的研究室裡，卻成爲我的密友良伴。人眞是奇怪！七〇年代初，到美國十幾年後，職業的生活，完全美國化了，文化的生活，卻日益的中國化，非常的寂寞。這兩個客觀的背景因素，加上釣運的衝激，逼得我對時局深加思索，得到兩個結論：⑴台灣是有前途的；⑵我在台灣是有更大貢獻的。一九七三年初，徐賢修先生，普渡的一位資深教授，休假返台，正擔任淸華校長，返美延攬人才，他向我遊說：何不返台工作？立刻令我怦然心動。我們常會被人問起，誰是最影響你一生的人？這個問題，十分難答。今日的我是過去的我的延續，一生人格的形成，是點點滴滴的累積，任何特殊的個人或特殊的事例，都可能有深遠然不一定分得清的影響。但從實質面而言，最重要的改變我一生軌道的有兩位；一位是嶺南時的「大哥哥」，他一段不經心的話，幫助我離開大陸。一位就是徐賢修先生，他一番刻意的遊說，幫助我重回中國。

徐賢修是北京清華的校友，他以客座身分擔任清大校長，已經兩年。一九七三年初，又接任國科會主任委員，亟於找人回清華幫忙「看家」。徐先生的個性介乎梅貽琦、胡適之之間，有熱情有魄力也有遠見，然而有時也不免言大而誇，他在抗戰期間赴美，一留卅年，年近耳順時回到台灣，發現台灣重新給了他一個可以發揮的舞台，乃全心投入，對教育、對科技都有一番看法，清華是他心中的最愛，尤其有一遠大的理想。他和我談他的理想，也試圖說服我，我是最能幫助他完成此理想的人。至於實際的個人經濟，那更不成問題，一九七三年初，正鬧石油禁運危機，油價飛漲，而謠傳台灣海峽蘊藏豐富油源，徐先生說：「只要開發出來，台灣國民收入可到每年兩萬美元，清大教授，少說也有四萬！」那是比美國教授都多了，不過我大致估計一下，也誇大其詞的對徐先生說：「那得台灣十二哩領海內，三公尺深的海水都變石油才行！」徐先生說：「那也可能呀！」相與哈哈大笑。

無論如何，他的熱誠感染了我，如前文所說，對台灣前途對我自己，那時我已有一番看法，加上其他個人因素（後文再說），再加上我個性比較灑脫，放得開手，

▲1973 年清大成功湖畔，當時台灣最年輕的大學院長

終於在一九七三年夏，留美十六年後，又回到新竹清華大學——十六年前離開的地方，擔任理學院長。當年敗荷殘葉，雜草叢生的前人遺湖，已是綠葉成蔭、游魚可數的風景勝地，看今日青年學子，三三兩兩儷儷成雙，想當年老校長華路籃縷，拄杖獨行，憶往思來，我在湖畔照了張相，一直保留到今天。

一九七三 歸國

我的一生，大致可以分做四個階段，一九五〇年以前是動盪成長階段，除了陝西武功短短三年之外，週遭環境一直在變，少年時光，苦多於甜，成長了但沒有成熟，更沒有定型。一九五〇到一九五七年是成長成熟階段，台大前後七、八年，在有氣氛沒壓力的環境下，成長也成熟了，是一生最愉快的時光。從一九五七到一九七三，留美十六年，從研究生到教授，安定平順的在學術領域裡前進沒有波折，但也乏善足述。一九七三年以不惑之年回國，到一九九八年退休，是第四個階段，四分之一個世紀，一直在清華大學任教，中間曾做了一年的行政院政務委員，即使那時，也並沒有脫離教職。前後兼任過理學院長、人文社會學院籌備委員會主任委員、生命科學院籌備委員會主任委員等職，最後在校長任內退休，退休後還任科技管理學院籌備處諮詢委員會的召集人，協助續任的校長成立了規劃已久的科管院。

回台以後，專業研究是停滯下來。七〇年代，台灣的科學，尤其天文方面，還在萌芽階段，闃無一人，離開美國就是離開了活躍的研究環境，即刻新知和創新研究必需的討論刺激一下都沒有了。這原在預期之中，人生的舞台在不停的旋轉，轉到另一個場景時，就必需扮演另一個分配給你的角色。從一九六二到一九七二，十年間我曾四次到清華講學，對清華原已有相當的了解。一九七三年回國時，和徐校長充分溝通，他希望我幫助他「辦學校」。我也知道，幫他「看家」辦學校才是找我回來眞正的目的。此後二十五年，直到退休，我在學校裡一直兼任著不同的行政職務。回顧這二十五年，對於清大的貢獻，主要在兩方面，一是規劃新猷和推動發展。清華復校之初，原是一個專重理工技術的學校，這也是應當時的需要，但隨著時代改變也要與時俱進，清華是台灣第一個首先踏進資訊科學、生命科學和科技法律等領域的大學，這些研究所或學院的籌劃成立，我都扮演過催生的角色。其次，是對清華今日的人文氣息和民主（也許太民主）的校風，有一定的貢獻。清華以校風樸實著稱，復校之初，大多數教員都是學成歸國的留學生，他們年輕有爲學有專長，他們從彼岸的實驗室一步就踏進此岸的實驗室，很受社會欣羡。但新竹地處偏僻，當時高速公路尚未修建，資訊也未若今日之發達，學生全部住校，清華校園也自外於當地社會，學生從中學的一個教室一步就踏進了大學的另一個教室，老師也從彼岸的一個實驗室一步就踏進了此岸的一個實驗室，中間連喘息的時間都沒有，樸實專精之餘也難免有閉塞自大的。有這麼一個眞實的故事，大概是在一九七三年，我邀請詩人余光中到清華來作對象是教授的講演，在滿座博士之前，他朗誦了他的新詩：「星空非常希臘……」等等，正在自我享受吟哦的樂趣時，忽然一位聽衆，虎的站起來，也不打招呼，劈頭的說：「你這詩不通，希臘是名詞，怎麼可以當形容詞？而且崇洋媚外，中國天空也有藍的，形容藍天爲什麼一定要找外國？……」等等等等，數大罪狀，一口氣數落下來，余大詩人大概從來沒遭遇過這樣陣仗，一時的楞住了。冷場之後，氣緩過來，也銳詞反譏，說了些文學不是方程式，不懂就不要亂說之類的話。這下惹火了台下聽慣了科學至上的青年才俊，炮火連連，新詩朗誦會不歡而散，本來要留宿清大的詩人，也堅持趕最後一班火車回去——我這個做主人的尷尬萬分，只好也陪著回去。

在碌碌的車輪聲中，清談伴著清茶，怒氣漸消。火車到台北時，詩人得出結論：「君山兄，我有一聯，描述今宵清華，『文化的沙漠，瘋子的樂園』，你看如何？」我無詞以對。那聯後來傳出去，竟爲（那時的）清華定了性，唉！

二十四年後，一九九七年清大的畢業典禮，詩人再來，作貴賓講演，又是講詩。這次是在大禮堂，數千師生，屏息靜聽，聽畢，掌聲如雷，學生獻花者三，賓主盡歡而散，禮畢，校長陪了貴賓，漫步校園，沿途「民主牆」上，歡迎余詩人的、譏諷沈校長的，夾雜相間，五彩繽紛，我們都仔細看了讀了，詩人說：「現在清華不是文化的沙漠了。」校長說：「但還是瘋子的樂園！」相與撫掌大笑。

一九九八年退休後，仍居校園，以元老身份，協助學校發展，若不是中風，參與的也許更多。我先後擔任董事長的吳健雄和吳大猷兩個學術基金會，也租了台北金華街月涵堂梅校長的舊居辦公，上班時走過題了「桃李不言，下自成蹊」的梅老校長的塑像，撫今思昔，和清華命運結合四十四年，「兩不相負」應該是公平的描述吧！

這二十五年，當然還有校園外的活動。回國不久，就被「黨外」封爲四大公子。一九九〇年第一次赴大陸，在中共的檔案資料裡，我是「台灣知名社會活動家」。

四大公子，其他三位是錢復、連戰、陳履安，都是政府顯要的子弟，都在七〇年代初，美國得了博士後，就回國工作，並開始參與公共事務。四大公子不是好話，隱含譏誚諷刺之意，爲此我還挨了民初也被封爲四大公子的張學良先生的一頓訓；有一次少數人的宴會，張是主客，我奉邀作陪，席間女主人好意介紹：這位沈某某現在也是四大公子……。這個也字，觸及少帥當年的隱痛，登時板下臉來，對著我說：「四大公子是什麼？是罵人的話！我現在是秋天的蚱蜢，而腳一伸就走了，你可不要做夏天的蚱蜢，被人瞎捧，瞎作弄，到頭來一事無成！」

至於「社會活動家」這個名詞，我最初不懂，又不上街遊行，又不國會打架，怎麼叫活動家呢？經過解釋，才弄清楚了，往好處說，是熱心公衆事務的社會賢達，但在大陸上，實際指的就是點綴檯面的所謂民主人士。

我從美國回來時，價值體系已經定了型，主要由三根主軸構成；中國的文化情懷、科學的理性思維和西方民主自由的價值觀，投影在當時扭曲特殊的台灣政治的環境上——中共還是戡亂對象的匪，國會還是由卅年前選出的大陸代表組成，報紙還是只能出三張等等——形成我《革新保台，一國兩治，志願統一》三部曲的國家觀。這是遠距觀察理性思考的結論，好處是客觀超然，數十年來循此途徑，方向大致沒有錯，缺點是過份理想。政治不是幾何，不是下棋，兩條平行線不一定不能相交，黑白子也會變色，這樣的理念、量才適性的個性，加上特殊的家庭背景和當時保守的政治環境，注定了我扮演一個社會活動家而非政壇活動家的角色。

我在台灣的政治參與分兩個階段，第一個階段從回國到八〇年代中期，偏重的是民主革新。我前前後後擔任了十三年省和中央的選舉委員，當時台灣實行的是烏籠民主；選舉到省級爲止，競爭激烈也相當自由，但只有所謂「黨外」，並沒有有組織的反對黨。我擔任選舉委員的初期，就碰到這麼一件事，發生在高雄縣，有一個鄉，投票開票完畢後，各投票所的票箱集中到鄉公所計票，票箱到齊後，忽然停電，十分鐘後復明，票箱有沒有動手腳不得而知，但國民黨的候選人在該鄉得票不成比例的高。吵吵嚷嚷一陣之後，查無實據，該候選人也沒有當選，就不了了之。不過事情並沒有完，選舉完畢，循例各辦理選舉單位都得嘉獎獎狀；該鄉鄉長也有份，但在省選委會被我擋了下來，還列入選委會的記錄，後來據此又設計了速報單，各投票所開票完畢後，即將得票結果，塡具速報單發給各候選人派在當場的監票員，如此，投票所以後的做票自然成爲不可能，這麼簡單的一件事，阻力之大難以想像，執政黨的選務人員，百般刁難，找出各式各樣的理由來拒絕，此時，「四大公子」的身份背景幫了忙，他們氣在心頭，卻又沒奈何，萬事抬不過一個理字，康寧祥等黨外的朋友又推波助瀾的幫忙吵，吵了三年，速報單制度終於實施。多難興邦，多爭絕弊，今天，台灣的選風雖然尙待改進，選務的效率，卻可說已領先全球，像二千年美國總統選舉的烏龍事件，在台灣是絕不可能發生的了。

除了在像選舉之類的公衆事務中，扮演公正人士外，也常在報上撰文發言，有些影響力，但眞正致力的還是朝野溝通，族群融和。尤其一九七九年美麗島事件後，肅殺之氣籠罩全台，正好蔣彥士先生時任國民黨秘書長，位居樞紐，在那以黨領政的時代，權力很大。加上我的背景個性，使我在那個動盪轉型的時代，扮演了一個相當獨一無二的角色。

蔣先生和我家是三代相交，〈懷念見美〉一文中，已敘述了雙方私人家庭的關係。他久處政壇，洞察世事人情，手腕圓熟靈活而居心忠厚，最會四兩撥千斤。他看我從小長大，對我了解透徹，不希望我攪入政治圈。最初，要我做校長，而我不要（一九七五），後來要，人家卻不給了（一九八七）。他一直希望我以餘力從事科普寫作，認爲我這方面有獨特的才能，事半可以功倍，而且嘉惠學子，意義最大。而我卻有莫名其妙的使命感，不知謀位，卻要干政，不想爭權，卻要管事，專在污髒的政治圈邊緣，做些事倍功半的事，他看了爲之嘆息不已，但沒有辦法，還是要保護我，讓我先後擔任自由基金會、團結自強協會這些有管道沒權力，有目標沒任務，可以做事卻不會闖禍的民間組織的董事長、秘書長等。還好，我多少也知分寸，只局限於人道的溝通，不及政治的攪和。其時朝野的對立，所爭者已遠在鳥籠民主允許的範圍之外，牽涉到政權的存續，蔣經國已經走到了他的極限，他有他歷史的包袱，個性的限制，一直要等本土出身的李登輝當政，台灣的民主化才能跨過最後一道鴻溝，雖然又引出另外的問題，但這是後話了。

總之，當時我幫忙溝通的對象，自我限定於美麗島家屬、海外異議人士和繫獄的黨外菁英。而且也多是一些冤曲誤解生活小事，政治的事上面不問我也不多說。我是「不革命」的，魯迅說：「不革命的不是被革命所殺，就是被反革命所殺。」台灣當時終究是文明世界，殺是不會，但罵卻不免，兩邊都罵，挨國民黨保守派情治單位的罵，應該。有一天，蔣問我什麼叫「雞婆」，我說這是台灣話罵專管不該管的閒事的話，蔣彥士聽了哈哈大笑說：「這就是人家說你的！」我說：「有了雞婆，蟲蟻也知檢點些……。」

但是挨黨外的罵，無論就我的個人理念，還是實際動機而言，都相當冤枉。有些人階級立場分明，總認為我是國民黨的清幫閒客。但我眞是從內心同情當時的黨外，尤其對於無辜受難的家屬，受盡委屈，還能理性面對現實，是自發的想幫忙的。

當時爲了大大小小的事，要和情治單位打交道，眞是十分痛苦，他們有他們的立場，也有他們的文化，常常講不到一塊去。我常自嘲說：「又要去通陰溝了」，回想當年，我要特別謝謝幾位幫忙我通陰溝的人，尤其當時的秘書龔雅玲女士和吳錚女士。

這樣也主動也被動的忙了幾年，幾件大案如林宅血案、陳文成案等，事後善後，也捲了進去，聽到了看到了一些不必要或者也不應該知道的事，常使我聯想起希區考克的電影 The man who knows too much 裡的卡里葛倫，有時還心懷惴惴，怕不明不白的也挨一刀。而消極的善後多，積極的貢獻少，是一段既無成就感也不愉快的經驗。只有兩次，一次是奉命旁聽美麗島軍法大審，一連九天從上午九時到下午五時，晚上再向蔣彥士報告對審判過程的觀感，後來蔣經國也召見，問我的看法。當時我聽被告答辯，非常感動，尤其兩個人，一個是呂秀蓮，她以爲一定要死了，寫了一篇告別文，最後還朗誦了一首詩，從一女中時的憧憬說起，眞情流露，聽得我淚流滿面；旁邊一起去的殷允芃也哭得唏里嘩啦的。另外一位是施明德，他更是以爲死定了，在庭上一點也不爲自己辯護，反而大談民主人權，中間又發揮他的合法顚覆政府論，說美國每四年政府就被合法顚覆一次，台灣也應該學學等等。他的辯護律師張某急了，叫他少說兩句，他回過頭去就和他吵起來，法官要禁止也禁止不了，叫他不要吵，他把手斜斜一揮一甩，理也不理，眞是瀟灑，令我從心底佩服。蔣經國找我談話，時間只有十五分鐘，我想主要是問來觀察審判的外國學者記者們對審判過程的印象，因爲那幾天我每天都和他們一起去新店。但我去見總統以前，就知道政府高層對如何處理美案有寬嚴兩種不同的意見；大致是從寬了，但施明德的命運還沒定，還有力主殺一儆百的，所以在回答蔣經國的問話時，留下五分鐘，先試探的問問：「我聽了九天審判，可不可以說說，對如何處理此案的看法？」經國先生對我也很了解，有話不講不舒服，和藹的笑笑：「好啊！你說說。」我說：「不宜流血。第一，流血製造烈士；第二，流血國際視聽一定不佳；第三，我們終究要在這塊土地耽下去，血流入土地，再也收不回來。」最後一句，是我來時在車上想定的，要加深印象。果然，他聽了笑容登時收起來，兩眼定定的嚴厲的看著我，古人曰「不怒而威」，這下我懂了，但日出而研教，日入而棋橋，帝力于我何有哉，我繼續說：「所以我建議此案還宜以德化怨，以理釋惑，以法制暴。」說完了出來，雖是冬天，也一身大汗。但還是把這些看法寫出來用「以德化怨，以理釋惑，以法制暴」等十二字做副題登在聯合報上。

蔣經國爲美麗島案想必找了很多人聽意見。去軍法處旁聽大審的被信賴的社會人士就有四五位，包括陳長文、丁懋松等。我不過衆說之一言，但後來宣判，一人不殺，心中仍油然而起欣慰自得之感。

另外一次是保釋林義雄，是當時任副總統的李登輝先生直接打電話叫我去保釋的。李曾任職農復會很長一段時間，是父親的下屬，他從康奈爾回來，是父親親自去延攬勸說歸國的，回來後因案被拘留一天，也是父親叫時任農復會秘書長的蔣彥士去保出來的，父親在日記裡曾記此事，「他們問我，我說『你們要毀一個人很容易，要培養一個人很不容易。』」雙方家庭私人的關係很好，父親去世時，李任台北市長，對於尋找墓地很幫了些忙。李當總統後，常邀請母親去參加他們的家庭佈道聽道，十幾年來一直如此。也曾想提拔我，但我太不會做官，文化背景又不同，後來才疏遠了，但那是後話。八十年代中葉，我爲林家家屬和假釋的事常去找蔣彥士，有一天蔣對我說，以後小事來找我，大事去找李登輝，他現在是副總統了，而且是台灣人，這種事總統會尊重他的意見，使得上力。因此，我就去找李副總統，

▲（1985）林義雄、方素敏與沈君山三人握手合照於林宅

前後好幾次，當然也談別的。李很謹愼絕不冒失，但看得出來很爲此事盡力。林出來那天，也是他先兩天通知我，要我找林妻方素敏趕快從美國回來。我給方打了電話，到機場接機，原來準備接了她再去新店接林出獄，但消息走漏，記者都圍到新店去，獄

方熬不住，先一步把林放了，因此我們就從機場直接回家。在林宅，夫妻團聚，我也留下了一張一生最堪珍惜的照片，是自立晚報記者照的，三人心情雖各不同，眞摯喜悅則一。

八〇年代中期以後，我逐漸淡出朝野溝通的角色，馴至完全脫離國內政治圈。基本的原因是時代改變了，台灣漸漸走出美麗島事件的陰影，「叛亂犯」一個個假釋出獄，解嚴之議也在廟堂之上公開討論，本土化民主化的趨勢，如旭日之昇，任何人都擋不住，而我當時以貴族清流智識份子所扮演的角色，也該過去了。這樣的角色，只有在威權(authoritarian)政治下，才有獨特的功能，在極權(totalitarian)政治下，所謂清流不是被鬥就是被殺，但到了眞正民主時，又自有制度性的制衡機制和草根性的民意代表，崖岸自高，怕髒怕亂者，捲在裡面，不但事倍功半，而且是注定了吃力不討好的。

另一個關鍵性事件，是蔣彥士先生的辭去國民黨秘書長。他是我政治上的保護神。蔣表面上是因十信案牽連離職，但內情並不這樣單純。一九八五、一九八六年間台灣連續發生了兩件大案：江南案和十信案，江南案初起時，一位頗得經國先生信任的資深情治人士，曾向彥士先生建議我到美國去跑一趟，被彥士先生借詞婉拒，私底下又特別告誡我：「這件事你千萬不要碰。」講時臉色凝重，前所未見。事實上除了林義雄案外，其他案件，沒一件我是主動介入，江南案更沒有興趣，此事就過去了。後來蔣彥士卻因此案得罪了蔣孝武，他在卸去國民黨秘書長之職後，有一段時間在科學指導委員會上班，和吳大猷先生同在一樓，這是一個無事可做的大閒職，一個副主任委員，一個主任委員，兩老隔室相對，都空得很。我每週往訪，兩位就一齊請安了。蔣極尊重吳，吳有什麼事，大小都找蔣辦，而蔣也必竭盡全力去做。但吳先生對蔣為國民黨賣力，不分好壞的排難糾紛，十分不屑，不止一次的對我說：「別人搶骨頭，他去拉，做什麼？」還示意我傳話過去，我對蔣說「吳先生罵你呢，……」，蔣一點不生氣，笑著說：「拉架也不容易，不是人人拉得開的呢！」我又如實的告訴吳先生，吳先生扁扁嘴也沒說話。這次蔣栽了跟斗，吳老哈哈大笑，「拉不開還被咬了手吧，不聽我的話！」吳先生純真自然，但對世事洞察清楚得很，他不在乎官場得失，也知道蔣不會生氣，果然蔣聽了，一點不以為忤，「這下被他說中了，高興了吧！」

科導會的事是無給職，後來有關方面給蔣找了個國科會下面的生命科學技術中心董事長的位子，論官階大概是連降三級，不過有部車，也有個辦公室，他一點也不氣餒，每天晨九晚五，按時上班。

蔣先生喜怒不形於色，永遠樂觀，這一段期間，至少表面上亦如此。但偶而還是會感覺到他內心的憂慮，有一次，大概在他下台後一個多月，我為了一件台籍教授入境的小事，向他訴說，他有點不耐煩，對我說：「你也不要管了，他們在想把我也弄進去，以後你要自己小心！」這是從來沒有過的，在公事上，對我惟一一次的不和顏悅色。所謂「弄進去」也令我相當吃驚。後來漸漸了解；十信案發後，主角蔡辰洲一直受拘押，肝硬化病重也無人敢釋他就醫，死於獄中。照理檢方是於法有虧的，但竟無人敢指責。蔣知道蔡過世的消息，嘆一口氣，說蔡還是有良心骨氣的。原來十信案起，有一派情治系統，一直想把蔣彥士也羅織入獄，派人去和蔡說，假若他肯咬蔣一口，他們就會讓他出來，保外就醫。蔡說實無其事，不能誣攀，蔣才逃過一劫而蔡竟病死獄中。八十年代初，我自以為行俠仗義的參與一些工作，與情治系統有許多接觸，養成一種習慣，對於不相關的事，從不問聞，即使聽到了也是左耳進右耳出。但從旁觀察多少總有些了解；一些所謂大案，其起因往往是由於嫉妬爭功乃至陷害的派系鬥爭，馴至始於萍末而終成風暴。蔣彥士當紅的時候，權傾朝野，有多方面的接觸，他對我雖親逾子侄，但只是一把保護傘，其他方面我既無興趣，他亦不讓我涉及。就是十信事，我亦只知此片面，有幾成眞實亦不確定。但我自知沒有他這把保護傘，我在裡面攪和，如嬰兒之入叢林，尤其在知道主其事想羅織蔣入罪的，竟是前述建議我去美國爲江南案跑一趟的情治前輩，更震驚莫名。

一九八八　入閣一年

從此以後，我就再沒有涉入國內政治。一九八八年入閣，但只是管科技，是到官場轉了一圈，但不是到政治圈。此後，我在校園外對公衆事務的興趣心力和參與，幾乎全部集中在兩岸關係方面。

我在兩岸關係方面的自我期許，和國內的民主革新很不一樣。對於後者，我自知不是一個搞實際政治的人，只因家庭背景，因緣際會，選擇了一個較適合我的邊緣角色，也許有一點小貢獻。但對兩岸關係，從七〇年代初起，我就有一定的看法和構想，翻翻早年寫的文章，很有趣味，也很感慨！一九七一年保釣運動後，茫茫九派流美國，沉沉一線繫中華，各種辯論台灣前途的論說，風起雲湧，我擎著革新保台志願統一之大旗，也算領袖一方。張系國辦了個手寫影印的雜誌《野草》，一九七二這年由李家同主編，他追著我做了一篇訪問；有一段是談兩岸未來的：

問：根據你的說法，改革的目的在於中國之和平統一。可是，改革的一個可能結果是拉大大陸和台灣之間的距離，那麼，改革豈不破壞了統一？

答：剛剛相反，改革是統一必經的步驟。我們希望的統一是緩進的，由極端的敵對，而不得已的共存，而經濟上互通有無，而人民自由來往，而象徵性的合作，最後，由於經濟成長、交通往來、生產方法的改變，使得大陸和台灣間政治、經濟、生活方式之差異減少，雙方人民再由自由聯合而形成一個真正自由的統一。所謂「革新保台，志願統一」這兩句話有點像革新八股，但是一種現局面下最可能的發展。從不得已的共存到自願的統一，要經過很長的一段時期，這段時期可叫做「統一中的獨立」；在國家民族的觀點看來是統一的，在政治經濟觀點看來是獨立的。主要是要維持文化風俗等的共同性，經濟制度等總是會改變。

有一段是談中國未來的：

至於整個中國的問題，這一年來大陸的門户開放了些，但所得的資料還是有限，只能從大體上説説。我承認在一段時期内，中共政權不會動搖，過去二十年，它有一定的成就，也有一定的挫折。但是瞻望將來，對內，如何滿足人民在基本生活滿足後更高層次的期望；對外，如何在科技日新月異的國際上競爭，是兩個大難題，是毛澤東思想領導的共產制度的兩大難題。政權不動搖，並不表示路線甚至制度不動搖。毛澤東自己就講：過了十幾年以後，牛鬼蛇神就要跳出來。我覺得在毛澤東有生之年，可以運用他個人的威望實行他那套東西。但是他過去之後，大陸上一定會有兩種變化：第一、大多數人有了知識以後，就會要求更多的自由；第二、一個國家想存在於現代的社會，一定要有很高的科技水準，這就必須講效率。然後政治掛帥紅而不專的情形就會改變，毛澤東的思想就會被人遺棄。

假若把這些話中的一些名詞現代化一下，改革革新其實就是民主化本土化，統一中的獨立就是中程架構乃至統合邦聯，它們完全可以代表卅年後今天台灣的主流想法，只是那時鄧小平還在江西的工廠打工，蔣介石還在堅持漢賊不兩立的國策，留學生的上書寫文章辦雜誌等等，就像曙光未現前的輕風，拂過沉沉的大地，過去了就過去了。惟一的實際效果是認識了李家同的才幹，也建立了我們的友誼，幾個月後我返台任清大的理學院長，第一件事就是成立資訊研究所，第一個想到的就是他，遊說他回來：「當年催稿是你追我，追到了，今天找你是我追你，不可報以白眼吧。」過了一年，他果然回來了，擔任清大計算機管理決策研究所的所長，那是台灣第一個資訊研究所，雖然事實上，前一兩年張系國回國講學，就已開始提倡中文電腦。系國確是朋友中才華最出衆的，有幾次想長期回國，總是最後又猶豫的打住了，非常可惜，我們也是在釣運中建立起「不革命」的感情，有一次他找我寫字，我寫了「追二兔不得一兔。贈中國第二才子」兩行十四個字的條幅給他。後來去芝加哥他家作客，發現條幅是掛在書房，不過「二」字掩去了一劃，成爲中國第一才子。

對於兩岸關係，從釣運時起，我基本的看法沒有變過，兩根主軸：第一，由於文化經濟地緣等客觀因素，兩岸必會發展出密切的關係，統一（或者統合）的方向是確定的。但是第二，台灣民衆的意願必須首先尊重，這是民主價值體系的基礎，故進展要有一定的程序。這兩點是我眞正相信的，卅年來從廟堂坐而論道，到組壇第一線折衝，從首屆國是會議最年輕青鬢玉顏的君山，到跨黨派小組最年長跛足蹇行的沈老，從在奧會與中共二等秘書據案力爭中國台北還是中華台北，到在中南海和大陸的國家領導人促膝對談一國兩制還是一國兩治，事無大小，位無高低，只要是兩岸的事，給我機會就興沖沖的去了。卅年不改初衷。總括的說：「認知超先，經歷豐富，成果有限。」可惜，關鍵在最後一句，政治的事，沒有成果就沒有意義，「成果有限」究其緣由，有客觀也有主觀的因素，但許多故事，寫起來是另一本書，時機也未成熟，此處就不多贅述了。

還有，圍棋與橋牌，這兩樣大學時代養成的業餘嗜好，後來因爲機緣個性和天賦，與一生其他部份交織在一起，竟成爲我最知名的「成就」。本書中一些懷舊憶往之作，也是人生旅途中，與之相關的因緣際遇。就棋橋本身而言，一九七三年返台是一個分水嶺，在此之前，我基本上是一個「選手」。國外生活單純，比賽的機會不多，但只要出賽，就全力以赴，運動選手追憶年輕時，往往回想體力無窮，我的回想是腦力無窮。坐在棋盤前，一個一個可能的變化圖案，在腦中會像幻燈片一張張連續出現，供您選擇，不會有盲點。橋牌桌上時，一副牌看了一眼，就自然留在腦海，再清楚的分析，毫不費力。參加比賽，是爲棋橋而棋橋，鬥智而且贏了就是最大的成就感。回台之後，成了名流，雜務日多，精力分散，棋橋就眞正的業餘化，而且名過於實了。最後一次認眞的比賽，在橋牌是一九八七年牙買加舉行的百慕達盃，預賽循環圈中華台北得了冠軍，但準決賽時輸給後來得冠軍的美國隊，未能更上層樓，此時我已有力不從心的感覺。圍棋因爲與記憶無關，退步不那麼明顯，一九九五年冬初，還在北京拿了一個業餘冠軍，那次是新竹清華與北京清華首次正式交流，我率了學校的同仁往訪，時間安排在世界華人業餘錦標賽之後，我先到一個星期，直接到北京郊外的龍泉賓館報到，關了門參加比賽，五天後得了冠軍才出來露面。賽期中，北京清大知道新竹清大的校長已到北京，四處連絡卻就是找不到，到第一天正式會談時，我捧了獎盃，悠然出現，賓主皆歡。那一次協談，也十分順利，實質部份不說，程序部份，雙方各以北京清華大學、新竹清華大學名義具名，簽了四份同樣內容的交流協議，兩份是簡體字，兩份是繁體字，兩份是新竹清大在前，兩份是北京清大在前。充分做到平等互尊，那時北京清大每位學生的平均經費（含創投收入）約爲新竹清華的六分之一，現在他們增加了三倍，我們減少了三分之一，已經快差不多了。

北京的棋賽，業餘且帶些友誼性質，當然不能和眞正世界冠軍的百慕達盃橋賽比，不過也肯定是我最後國際性的比賽了。棋橋與我相伴近半世紀，讓我交了許多不同背景的朋友，也體會到不同方面的人生。在我最忙最煩的時候，躲了進去，像讓頭腦到冰冽的清泉裡洗個澡，現在行動不便了，在網上與人交鋒，有頭腦運動的功能，也享受勝固可喜，敗亦無妨的樂趣。進入二十一世紀，人的壽命會愈來愈長，競爭的壓力會愈來愈烈，培養一兩種業餘嗜好，就像在漫長的人生旅途中，儲備了潤滑油劑。棋橋，尤其圍棋，有多方面的功能，可作專業謀生，可作藝術文化欣賞，也可作爲純粹的休閒嗜好，要看個人的天份性情。對大部份愛好者，應該是一種休閒，對於這樣的同好，奉勸兩句經驗之談：「少時戒之在溺，老時戒之在爭。」凡事欲有一分成就，必先十分投入，經過衣帶漸寬終不悔的痴，才能得驀回首那人卻在燈火闌珊處的樂。但人生是必要做抉擇的，事事俱痴則事事無成。棋橋作爲一種業餘嗜好，少壯初學日有進境時，一時沉溺或者難免，但總須自拔，否則必成拖累。到了老年，則要另一番安排，陸放翁曰：「形骸已與流年老，詩句仍爭造物功。」抒情言志的詩文，其功力意境或會隨歲月增進，但純倚腦力的鬥智，自然規律是不可免的。蘇東坡的名言「勝固可喜，敗亦欣然」，是盛年以前學不到也不可學的；棋如世事，世事如棋，沒有爭勝之心，必不能長棋亦必不能成事，故東坡自謂一生有三不如人，棋爲其一，是有道理的。但中年以後，不可與造物爭功，方可與造物共樂。進入二十一世紀，三分之一甚至二分之一的人生，都將在天年中渡過。自然界原有自然界的規律，一般生物，在生育期結束後，其敏捷強韌適應環境的能力必大幅減退，也就自然的被淘汰，如此來說，天賦與人的壽命大概是四十至五十年，但人畢竟不同萬物，可以勝天，勝天之後如何自處，卻是大學問。倫理規範會隨著著科技的躍進而逐步演進，斯學必將成二十一世紀的顯學，但此是後話。單就棋橋而言，「勝固可喜，敗亦欣然」至少可懸爲理想的境界，然此哲人的境界，凡人未必能至，我到業餘棋手下棋的棋館，館主偶要我題字，常題「勝固可吹，敗亦可諉，人生之樂，無過於此」十六字，吹諉都是不好的習性，但於棋橋卻稍可寬鬆，棋力酒量不可勉強，高下如人飲水，冷暖自知，故雖吹諉，尚不至太昏瞶發熱，頭腦一發熱，棋盤上的報應就到，只要不過份不惹人厭，業餘棋友相聚，相吹相擂，相濡以沫，也還是可以的。

俗云：「麻將桌上選女婿」，以全神貫注勝負一線之際最易見本性，年前在《中國橋藝》上讀到相識四十年橋友王炎的一篇懷舊之作，有詩一首：

翩翩沈博士，文采自風流，
名豈棋橋著，官因散淡休。
平生惟本色，功利不忮求，
回首當年事，渾忘已白頭。

這是長時間遠距離觀察後的評語，雖多誇贊之詞，尚不失眞，錄之以爲自況。

最後要交代一下家庭感情生活，我的第一次婚姻，隨著一九七三年回國結束，妻和一子二女都留在美國，妻數年後再婚，重建一美滿的家庭，子女現已年過而立。過去每年出國，總尋機會訪晤共餐，大女兒大學畢業時，我邀請姊妹倆一起去遊北歐，這是她們的第一次，冰河山川之美，父女共同欣賞。但是從哥本哈根到巴黎的火車上，矇矓中醒來，同包廂的兩位女兒，忽然都不見了。老父心急如焚，一個一個車廂的去找，在後段車的一節包廂中，發現她們和三位法國青年談笑正歡，如釋重負之餘，未免抱怨兩句，卻換來齊聲的嬌嗔：“Oh, come on, Old Pa, don't be……”，Old Pa 只好嗒然而返。他們現在都已年逾而立，成爲成功而正常的美國公民，我也做祖父了。午夜夢迴，回首前塵，對前妻和他們繼父養敎之勞之功，從內心的感激。

一九八九年，獨身十五年之後，和曾麗華女士因爲共同淡泊自安的價値觀和共同的文學愛好在台結婚。翌年得一子，現正讀小學。十五年的單身生活，正値盛年，自然有感情上的起伏波瀾，西人寫傳，常將個人的私生活點滴入書，以此乃人生的一部份，國人自述，則保留得多。我的看法，感情事非不可寫，但每人對隱私的珍惜和往事的看法都不盡相同，萬不可以一己之快而傷及曾相愛的人。至少在此年表小傳中，不會多說了。

一九九八　退休中風

一九九八年二月我從清華大學屆齡退休。從退休致詞中，講到學校，也講到自己，摘錄其中主要的兩大段：

……在此時此刻，當然有回顧也有瞻望。回想起來，不得不承認，人生際遇，確實是有緣份的，四十二年前，民國四十五年，清華在台灣重新建校，成立了原子科學研究所，第一班招生，錄取了二十幾位新生，其中有十八位報到入學，我獲得梅貽琦校長的雇用，和那十八位同學一齊進入清華，做一位領二百八十元薪水的助教。而劉炯朗教授，原也是當年錄取的二十幾位同學之一，因爲申請到出國獎學金，沒來入學，我們失之交臂，但是四十年後，他還是來了，我們還是在這兒見面了，而且是來領導清華，這不是緣份嗎？

四十二年來，我有三分之二的時間，在清華度過，即使在國外進修工作的時候，也時時關注她的改變和成長，今天清華已被公認爲台灣數一數二的研究大學。現在朝野都在疾呼，要在台灣發展出一所「國際一流的大學」，什麼叫國際一流，很難定義，但是，我們可以很有信心的說，清華確實是台灣最具條件、最有潛力發展成國際一流大學的學校。

但是，從有潛力有條件到眞正的實現，中間有很巨大的一步。台灣整個高等教育發展的趨勢，是在向美國的制度轉型。從過去家長式的管理，管制發展，但也供應資源，到今後自行規劃，但也自籌經費，這個趨勢愈來愈明顯。從一方面看，清華過去得天獨厚的資源優勢不再，但從另一方面看，也是一個機會、一個挑戰，是讓清華走上眞正國際化現代化大學的一個契機。其中關鍵千頭萬緒，也許只能點出一兩點，先談整體行政方面，清華現在的體系架構，是從教育部包管一切、學校可以遺世獨立的時代延續下來，現在既然要國際化要自籌經費了，行政架構、會計人事制度、專業人才的雇請等，都宜相應革新，還有，在我國整個教育體制裡，對於國立大學，教育部原扮演了董事會的角色，民主化多元化以後，教育部明顯的難以兼顧此一角色，這次校長遴選的過程，也突出了此點。從長遠著想，大學公法人化當然最理想，在此之前，以清華目前的條件，是國內最適於嘗試董事會制度，以補足所謂accountibility operation（責任運作）所缺的一環，也許可以參考國外大學的經驗，予以考慮。

更重要的，是學術方面如何進一步的提昇。清華有自由容忍、教學研究第一優先的傳統，這是學校最寶貴的資產，也是今天清華成爲台灣最出色的研究大學的原因。但是，在學術優先的價值體系裡，也許可以更上層樓。清華已經到了追求重要貢獻(major contribution)和重要突破(major breakthrough)、要求質量並重的階段。當然，說比做容易。過去二三十年來，台灣的學術在先驅者篳路藍縷的耕耘下，從無到有，因此，各種制度獎勵往往以量爲重。但是，這一個階段已經過去，清華是台灣首屈一指的研究大學，似可率先的邁出一步，走上眞正國際水準研究大學的途徑。

還有，這是資訊時代學生的教育和成長。清華傳統的學風，質樸無華，清華園的環境也非常單純，資訊時代的來臨，大大的改變了同學生活求知的環境，當然大部份影響都是正面的，但是如何輔導同學分配時間，判斷訊息，把資訊化為知識，再由知識培養見識，校園民主如何與資訊自由相輔相成，都是值得我們深思的。

……

最後，講到我自己。很多人問，你退休後，生涯規劃如何？一個月前，報紙報導用了一個標題：「沈君山告別清華」。至少那是不對的。不做校長、甚至不做教授了，並不就是告別。確實，在今天六十五歲不是從人生退休的年齡，但在人生歷練上，六十五歲已是介乎耳順和從心所欲不踰矩之間了，所以規劃也許未必，方向是完全可以自己決定的，就是「做我所能，愛我所做」。一個人過了六十歲，自己能力能做什麼，自己應該已經知道了，再衡量一下客觀的環境，能夠讓你做些什麼，然後做一個選擇。因為是自己有能力可以做的，一定會做得愉快，因而愛其所做。這也是從心所欲不踰矩的新解釋吧。

對大多數人而言，退休是公衆生涯的一個段落，對我，是連續過程中的一步。回國以後，我一直熱心參與校園外的活動，儘管大部份是社會活動，除了兩岸關係外，鮮少涉及政治，但在擔任校長後，因爲對校長職位的尊重，這些社會活動也都暫時中止了。從校長甚至教授職位上退休後，完全自由之身，而精力還很旺盛，累積的社會名望，資源還更豐富。因此，就如退休致詞所言，對此後生涯規劃，定下了一個原則：「做我所能，愛我所做」，這是「歸眞守璞，量才適性」的延續。

「歸眞守璞，量才適性」是卅年前，對國內環境認識淸楚後決定歸國時給自己定下的。卅年來循此不渝，世俗的得失難言，但終此三十年未經大憂，未經大辱，也算經得起實踐的考驗了，現在社會的責任已盡，做我所能，愛我所做，不過是量才適性的延續，只是今後更自由了。

大致而言，能做愛做，還能對社會有點貢獻的，首先要從科學教育中選項，退休之前，我已擔任吳健雄學術基金會的董事長，後來又參與籌劃成立了吳大猷學術基金會，主要的一項工作就是在暑假辦科學營，前者針對高中生，以參加國際奧林匹亞科學比賽的選手爲對象，邀請第一流成熟的科學前輩，包括諾貝爾獎得主擔任

▲2001 年攝於月涵堂梅貽琦校長塑像前，月涵堂 50 年代是梅校長的居處，現擴建爲清大台北辦事處。（塑像下大理石上的詞是「桃李不言，下自成蹊」，沈君山題）

講座共處一週，到二○○○年，已經辦了三屆，非常成功，可以說叫好又叫座，現在在劉兆漢校長領導下，更爲蓬勃，將來一定會繼續下去。至於吳大猷科學營，對象是大學高年級以上的學生，將於二○○一年開始第一屆。

另外，從一九九八到一九九九，在聯合報開闢了一個大師訪談系列，每月一次在台灣甚至世界各地訪問本行的權威，報導科學前沿的發展，原來計劃彙集成書，可惜只訪談了九次，因中風中止了。

我的外祖、舅父和生母都因腦溢血去世，所以中風，遺傳是一個重要的因素。但是直接引發的近因可以說是樂極生悲；一九九八年的五月，我和幾位同好，包括金庸、林海峰、聶衛平、黃光輝、戴明芳等，在雲南麗江，作了一次棋橋之會，除了友誼比賽外，幾位棋手還在麗江古城的木王府下了一盤聯棋，棋譜後來立碑留念，立於王府。麗江附近山水之美，從海拔四千多公尺的玉龍雪山到金沙江的虎跳峽，我玩了個遍。五月底回到台灣，又忙著籌劃科學營，六月十日是個星期五，晚上應劉炯朗校長之邀，和清華幾位同仁在台北世貿聯誼社共宴，商討籌設科技管理學院，當時腳已經覺得很重，還強自自己開車回家，第二天就發病了。

病發後的經過，在與許倬雲先生的對談中，略有所述，身體外表，朝如青絲暮成雪，再也不能完全復原，永遠成了「弱勢族群」一員，心理的起落，從過去能做今後卻不能做了的無奈鬱結，到還能做的盡量去做，跛著腿站起來再度出發，心情起伏，另是一番經歷。病中親友常以宗教的道理來勸我，我對眞能信仰的人，向來很羨慕尊重，自己卻怎樣也不能信，答以「袈裟唸珠多餘事，佛在心頭一片春」這也眞話。到了今天，還向前看向前走，以後寫這一段經歷或者可稱老病記趣，這

「趣」不純是趣味（雖然那也是重要的一環），是生趣盎然的趣，或者也可算是我的信仰吧。

九歌文庫 596

浮生三記

Three Chapters of Passing Life

著　　者：沈 君 山
發 行 人：蔡 文 甫
責任編輯：楊 瑛 瑛
發 行 所：九歌出版社有限公司
臺北市八德路 3 段 12 巷 57 弄 40 號
電話／25776564・25707716
郵政劃撥／0112295-1
網　　址：www.chiuko.com.tw
登 記 證：行政院新聞局局版臺業字第 1738 號
門 市 部：九歌文學書屋
臺北市長安東路二段 173 號（電話／27773915）
印 刷 所：崇寶彩藝印刷有限公司
法律顧問：龍雲翔律師・蕭雄淋律師・董安丹律師
初　　版：2001（民國 90）年 3 月 10 日

定　價：300 元

ISBN 957-560-749-X　　Printed in Taiwan

國家圖書館出版品預行編目資料

浮生三記 / 沈君山著. --初版. -- 臺北市：
九歌, 民 90
面；　公分. -- (九歌文庫；596)

ISBN 957-560-749-X(平裝)

855　　　　　　　　　　89018754

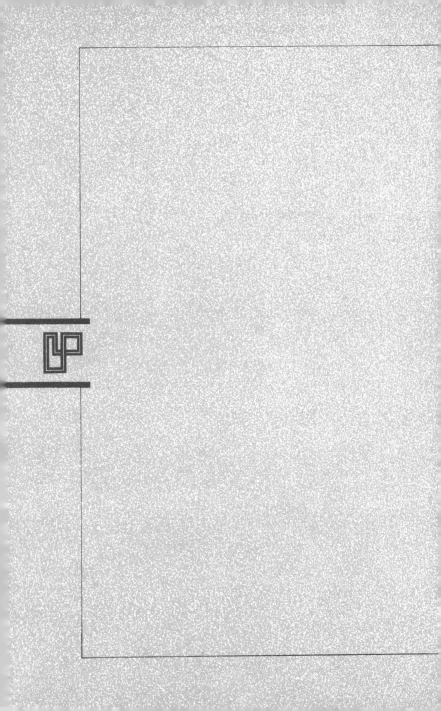